실용
일본어
독해

윤호숙

제이앤씨
Publishing Company

다른 외국어와 마찬가지로 일본어를 배우는 가장 큰 이유 가운데 하나가 일본인과의 원활한 케뮤니케이션이라고 할 수 있다. 따라서 최근 외국어의 교육목표도 커뮤니케이션 능력 향상을 우선시하고 있다. 실제 일본인과 대화 시 의사소통의 문제 중 상당수는 상대방의 말을 올바르게 이해하지 못한 것에서 비롯된다. 코트라에 의하면 일본에서 취업 면접 시 외국인에게 요구하는 자질이 일본어 능력, 커뮤니케이션 능력, 현지 적응력, 일본문화 이해 순인 점을 보아도 케뮤니케이션 능력의 중요성을 알 수 있을 것이다. 따라서 기본적인 의사소통 능력을 먼저 배양하고, 일본의 정치, 경제, 사회, 문화 전반에 걸친 이해도를 높이는 것이 필요하다.

한편 일본어 능력은 어휘력이 관건이라 해도 과언이 아니다. 언어의 4기능인 읽기, 쓰기, 듣기, 말하기는 어휘력이 기본이며 일본인과 커뮤니케이션을 할 때도 어휘력의 수준에 따라서 교류가 더욱 원활하게 이루어진다. 어휘력 향상을 위해서는 독해가 중요한 요소가 된다. 또한 독해력 향상을 위해서는 어휘뿐만 아니라 문법도 필요하므로 본서를 통해 어휘력과 독해력이 향상될 수 있을 거라 생각한다. 나아가 의식주, 언어표현, 문화, 정치, 사회, 종교, 문학 등 다양한 토픽을 통하여 독해력 향상과 함께 일본의 사회와 문화에 대한 이해도를 높이고 일본의 실생활에 잘 적응할 수 있다.

본서는 초급과정을 통해 문자와 발음연습, 기초문법지식 및 기본문형 등을 연마한 중급일본어학습자를 대상으로, 일본의 다양한 원서를 통해 한자, 관용표현, 복합어, 의성어·의태어 등의 어휘들과 문법을 익히고 여러 분야의 관련지식을 터득하여 일본의 실생활에 도움이 되도록 하였다. 아울러 다른 작품까지 다독할 수 있는 능력을 배양시키는데 목적이 있다.

본서는 샐러리맨의 하루, 일본의 교통, 일본의 대중문화, 식문화, 일본어 표현의 특징, 기후, 전통문화, 주거문화, 연호, 문학, 종교, 일본의 풍습 등 일본을 상징하는 대표적인 주제를 선정하여 다음과 같이 구성하였다.

1. 학습내용& 학습목표

2. 본문

3. 표현문형

4. 어휘

5. 한자쓰기

6. 확인하기(퀴즈)

7. 쉬어가기(관련지식).

　　본서를 통해 일본어 독해력 향상은 물론이고 일본문화 등 다방면에 걸친 지식이 함양되기를 바란다. 출간되기까지 자료수집부터 정리, 검수 등 성실하게 곁에서 도와준 寺田庸平 교수님과 신지현 조교, 그리고 제이앤씨 출판사 관계자 여러분께 깊은 감사의 뜻을 전한다.

2021년 8월
저자 윤호숙

목 차

第01課

あるサラリーマンの一日

● ● ● ●

학습내용

o ～たら(가정, 조건)
o ～られる(수동)
o ～そうだ(전문)

학습목표

o 회사원 관련 어휘 익히기
o 표현 문형 익히기
o 일본 회사원 관련 독해능력 향상

あるサラリーマンの一日

• • • •

　日本のサラリーマンはその長い労働時間からよく「働きバチ」に例えられる。毎日朝早く起き、満員電車に乗って出勤する。会社に到着したら、まず最初に、前日に届いていたEメールのチェックを行う。そして、朝の会議に参加したり、取引先へアポを取ったりするなどの仕事をして午前中を過ごす。お昼は、簡単にうどんやそば一杯で済まし午後に備える。午後には、また会議や書類のチェック、取引先への訪問、部下との懇談会などの業務に追われる。一日中忙しく働いているため、あっという間に5時の退勤時間になる。しかし、退勤時間になったとしても、その時間に退勤する日本のサラリーマンはほとんどいない。簡単なコーヒーブレイクで一息入れた後、残っている仕事の後処理を行う。そうすると、あっという間に夜9時、10時になってしまう。会社を出ると、職場の同僚数名と近くの居酒屋に寄って、ビールを一杯飲みながら一日の疲れを癒す。その後、家に帰ってふと気づく

と、時計の針は12時を、時には1時を指していることも少なくない。

　日本のサラリーマンのことを、「会社人間」とも言う。一生涯を会社で過ごす。会社内では、様々な研究会や釣りサークル、ハイキングサークルなど、社員同士の親睦会を目的とした集まりがあるため、休みの日にもたまに参加しなければならないことも珍しくない。このように、家にいる時間または家族に使う時間よりも、会社で過ごす時間のほうがずっと長い。そのため、自分の趣味生活や自分の時間を楽しむ余裕がない人生になってしまったのである。このようなサラリーマンによって支えられている日本のことを「株式会社日本」と呼ぶ人も多い。つまり、日本のサラリーマンは、仕事で始まり仕事で終わる人生と言っても過言ではない。

　しかし最近になって、長時間労働による「会社人間」の副作用が、日本の社会問題として浮上してきており、働き方を変えようという動きがみられるようになった。政府も「働き方改革」として、労働環境を大幅に見直したり、当たり前だった長時間労働をやめたり、非正規雇用の人たちへの待遇を改善したりするなどの取り組みを行っている。

　だとすると、このように変化する会社環境の中で働いている人たちは、1日をどう過ごしているのだろうか。近年働き方を変えようという社会の雰囲気から、残業ゼロを目指す動きがあるそうだ。残業ゼロを目指して働いているあるサラリーマンは、午前中に頭を使う仕事を優先的に行い、その日の午前中に今日やらないといけない仕事を済ませるようにしていた。そして、お

昼時間は、一人で食べたり軽く済ませて本を読んだりするなど、自分の時間を確保しているそうだ。また、午後には残りの仕事を、そして夕方には、経費の精算など頭をあまり使わない事務仕事に時間を使うようにし、午後5時の定時には片づけをして、退社する。早ければ午後6時頃には家に着き、家族との時間を過ごしたり、自分のために時間を使ったりしていた。

　ここでご紹介したのは、ほんの一例だが、残業ゼロを実践しているこのサラリーマンは、いろいろな方法を試してみることで、自分に最も合った一日の過ごし方を見つけることが大切だと考えている。

　ある調査会社が一週間の退社後の過ごし方を調査した結果、語学などの勉強、茶道、花道、ダンスなどの稽古、ジムやテニスなどの運動、ショッピング、デート、友だちとの食事などが多かった。

　このような社会の変化によって、日本のサラリーマンは、今までなくしてきた家庭を取り戻し、自分自身により忠実な生活を送ることができる機会を取り戻せるようになると思う。

표현 문형

1. 》》 ~たら(가정, 조건)

会社に到着したら、まず最初に、Eメールのチェックを行う。

[동사・い형용사た형+ら, な형용사 어간・명사+だったら]

(예외 いい→よかったら)

어느 상황이 확정된 후에 이어서 할 일이 있음을 나타냄.

> 예 大学を卒業したらアメリカに留学します。
> 대학을 졸업하면 미국으로 유학갑니다.

2. 》》 ~られる(수동)

部下との懇談会などの業務に追われる。
このようなサラリーマンによって支えられている日本のことを「株式会社日本」と呼ぶ人も多い。

~られる ~어지다, ~당하다, ~받다, ~되다

[동사 어간 ＋られる/aれる] (예외: する→される, 来る→来られる)

> 예 この工場では一日に3千台の自動車が作られている。
> 이 공장에서는 하루에 3천대의 자동차가 만들어지고 있다.

3. 》》 ~としても

退勤時間になったとしても、その時間に退勤する日本のサラリーマンはほとんどい

ない。

~로서도, ~(라)고 하더라도

① (체언에 붙어서) ~로서도

> 예 優れた彼<u>としても</u>、すぐ合格できなかった。
> 뛰어난 그로서도 바로 합격되지 않았다.

② (활용형의 종지형에 붙어서) ~(라)고 하더라도

> 예 もし彼女が知っている<u>としても</u>、教えてくれるか。
> 만약 그녀가 알고 있다고 하더라도 가르쳐줄까?

4. ～と(가정 조건)

家に帰ってふと気づく<u>と</u>、時計の針は12時を、時には1時を指していることも少なくない。

접속조사 종지형에 붙어

어떤 사항에 이어 다른 사항이 나타남을 보이는 말

가정과 그 귀결, 시간의 경과에 의한 서술 및 습관적인 사실 따위를 진술하는 데 사용.

① ~면(가정 조건)

> 예 僕が田舎へ<u>帰ると</u>お祖母さんが喜びます。
> 제가 시골로 돌아가면 할머니가 기뻐합니다.
>
> その道をまっすぐに<u>行くと</u>公園がある。
> 이 길을 곧바로 가면 공원이 있다.

② ~하(자)

> 예 彼が私の顔を<u>見ると</u>にっこりと笑った。
> 그가 내 얼굴을 보자 방긋이 웃었다.

5. ≫ ～そうだ(전문)

残業ゼロを目指す動きがある<u>そうだ</u>。

自分の時間を確保している<u>そうだ</u>。

~라고 한다. [명사だ, 동사보통형, い형용사・な형용사 어간+そうだ]

말하는 사람이 직접 얻은 정보가 아니라 어디서 들은 정보임을 나타냄

예 心配だから病院に行ってみる<u>そうだ</u>。
걱정이 되니까 병원에 간다고 한다.

来年は景気がよくなる<u>そうです</u>。
내년에는 경기가 좋아진다고 합니다.

6. ≫ ～eる(가능)

日本のサラリーマンは、今までなくしてきた家庭を取り戻し、自分自身により忠実な生活を送ることができる機会を<u>取り戻せる</u>ようになると思う。

동사의 가능 표현. ~할 수 있다.

활용 : 1그룹 동사 [u]단→[e]단＋る

行く(いく)→行ける(いける)

話す(はなす)→話せる(はなせる)

예 新聞の漢字がほとんど<u>読める</u>ようになりました。
신문의 한자를 거의 읽을 수 있게 되었습니다.

隣の赤ちゃんが<u>歩ける</u>ようになった。
옆집 아기가 걸을 수 있게 되었다.

어휘

働きバチ	はたらきバチ	일벌, 일벌레
例える	たとえる	예를 들다
アポ	アポイントメント	약속
備える	そなえる	준비하다, 대비하다, 갖추다
懇談会	こんだんかい	간담회
業務	ぎょうむ	업무
一息	ひといき	단숨에 함, 한숨 돌림, 잠깐 쉼
同僚	どうりょう	동료
居酒屋	いざかや	선술집
癒す	いやす	(상처·병 따위를) 고치다, (고민 따위를) 풀다
指す	さす	가리키다, 지적하다, 목표로 하다, 재다
一生涯	いっしょうがい	한평생, 일평생
釣り	つり	낚시질
同士	どうし	같은 동아리, 종류, (접속어적으로)끼리
親睦会	しんぼくかい	친목회
余裕	よゆう	여유
支える	ささえる	버티다, 떠받치다, 유지하다, 지탱하다
株式	かぶしき	주식
副作用	ふくさよう	부작용
政府	せいふ	정부
改革	かいかく	개혁
労働	ろうどう	노동

▌ 大幅	おおはば	큰 폭, 수량의 변동이 큰 모양
▌ 雇用	こよう	고용
▌ 待遇	たいぐう	대우, 손님 대접, 서비스
▌ 改善	かいぜん	개선
▌ 取り組み	とりくみ	맞붙음, 대처
▌ 優先	ゆうせん	우선
▌ 確保	かくほ	확보
▌ 経費	けいひ	경비
▌ 精算	せいさん	정산
▌ 片づけ	かたづけ	정리, 정돈, 치움
▌ 実践	じっせん	실천
▌ 試す	ためす	시험하다, 실제로 해보다
▌ 茶道	さどう・ちゃどう	다도
▌ 花道	かどう	꽃꽂이, 화도
▌ 稽古	けいこ	(학문·기술·예능 따위를) 배움
▌ 取り戻す	とりもどす	되찾다, 회복하다, 회수하다
▌ 忠実	まめ・ちゅうじつ	진실, 성실, 귀찮아하지 않음, 부지런함, 몸이 건강함, 충실

懇談

退勤

経費

精算

調査

親睦

備える

癒す

株式

大幅

稽古

Q1. 다음 보기에서 본문의 내용과 관계가 있는 것을 하나 고르시오.

❶ サラリーマンは、退勤時間になるとすぐに退勤して、取引先と飲みに行くことが多い。

❷ 「会社人間」とは、会社で過ごす時間よりも、家族のために使う時間の方が多い人のことである。

❸ 働き方改革は、サラリーマンの仕事をする時間を増やしたり長時間労働をすることである。

❹ 最近のサラリーマンは、自分にあった一日の過ごし方を見つけて、残業ゼロを目指している。

Q2. 밑줄 친 부분과 다른 용법으로 사용된 문장을 고르시오.

> 残業ゼ ロを目指す動きがある<u>そうだ</u>。

❶ 自分の時間を確保している<u>そうだ</u>。

❷ 心配だから病院に行ってみる<u>そうだ</u>。

❸ 彼の人気の理由がわかり<u>そうです</u>。

❹ 来年は景気がよくなる<u>そうです</u>。

ランチから見る日本の食料事情

お昼によく食べる

天ぷらそばの原材料は？

おもな農産物の自給率の推移

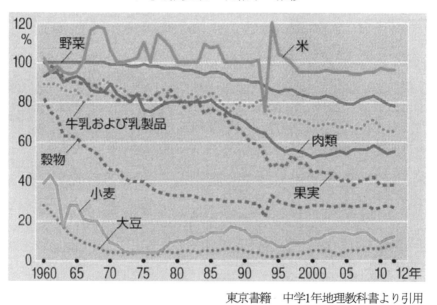

東京書籍　中学1年地理教科書より引用

第02課

日本各地をつなぐ公共交通機関　鉄道

● ● ● ●

日本各地をつなぐ公共交通機関　鉄道

• • • •

　日本では、東京や大阪などの大都市と地方によって、またはライフスタイルによって様々な通勤手段がある。地方は、自動車を利用して出勤することが多いが、ある調査結果によると、東京やその首都圏では、85.2％と最も多くの人が出勤手段として鉄道や電車などを利用していることがわかった。今や鉄道は、多くの人にとって重要な交通手段なのである。

　日本で初めての鉄道路線である新橋駅から横浜駅(現在の桜木町駅)が正式に開業したのは1872年10月14日である。1858年に蒸気機関車が初めて長崎に持ち込まれ、1か月にわたってデモ走行が行われたが、明治に入り、鉄道敷設計画が本格的にスタートし、1870年に建設が始まった。その後、反対など様々な問題があったが無事開業した。開業当時は1日9往復で、時速約32キロで運行されていた。当時の利用者数は1日平均4347人で、想定していた以上の利用者数があり、鉄道の有効性が立証された。

　それから約140年の月日が流れた現在では、新幹線をはじめとして多くの鉄道が日本各地を走っている。特に東京を地上と地下を縦横無尽に走っている鉄道は、日本人だけでなく外国から来た人たちにも驚かれるほどである。そして、一日平均の駅での乗降者数は、新宿駅の340万人と世界で一番多い。世界中の駅の乗降者数ランキングでは、1位から23位まで日本の駅が占めるほど、日本人にとって鉄道は生活に欠かすことができないものにまで発展している。また、新幹線が日本の主要都市を結ぶようになり、ビジネスや観光、そして生活スタイルが大きく変わってきた。

　地方では利用者数の減少により路線が廃止されたり、もしくは民間の企業に払い下げられたりしている。今まで、その地域の人たちの生活の足だった鉄道がなくなり、料金が値上がりするなど不便な生活を強いられることもある。しかし、地方の鉄道は、海岸線や山、渓谷などを走っていることが多いため、東京や大阪などの都会を走る鉄道では見ることができない、とても美しい景色を鉄道に乗って楽しむことができるなど、観光目的としても利用されている。

　多様な発展を遂げてきた鉄道だが、通勤ラッシュやすし詰め状態などという言葉も、この鉄道の発展とともに生まれてきた言葉だ。毎朝、会社や職場に行く人たちがぎゅうぎゅう詰めの満員電車に乗って通勤し、夜には疲れた表情でまた満員電車に乗って帰るというこの風景は、東京や大阪などの大都市で暮らしたことがある人にとっては、日常茶飯事の出来事である。

　このように鉄道は、140年以上にわたりなくてはならない存在になってきた。現在、新幹線が北海道から九州までをつなぐ大動脈の役割を担っているが、2037年までに品川駅から新大阪駅まで時速500キロ、所要時間67分という短時間で結ぶリニア中央新幹線を整備している。このリニア中央新幹線が、私たちの生活にそしてビジネスにどういう影響を及ぼすのか、そして、新時代の鉄道社会とはどのようなものになるのか、とても楽しみである。

표현 문형

1. 〉〉〉 〜ようになる

また、新幹線が日本の主要都市を結ぶ**ようになり**、ビジネスや観光、そして生活スタイルが大きく変わってきた。

[동사 기본형・부정형+ようになる]

점점 변화해서 어떤 상태에 이르게 됨을 나타냄: ~(하)게 되다

> 예 うちの妻も、最近やっと車の運転ができる**ようになりました**。
> 제 아내도 최근에 간신히 운전을 할 수 있게 되었습니다.
>
> 彼の息子がとうとう歩ける**ようになった**。
> 그의 아들이 드디어 걸을 수 있게 되었다.

2. 〉〉〉 〜によって

日本では、東京や大阪などの大都市と地方**によって**、またはライフスタイル**によって**様々な通勤手段がある。

① 원인・이유: ~때문에
> 예 交通事故**によって**会社に遅れました。
> 사고 때문에 회사에 늦었습니다.

② 수단 방법: ~(으)로
> 예 特殊な絵の具**によって**描かれた絵
> 특수한 안료로 그려진 그림

③ 근거, 의거, 기준: ~에 의해, ~에 따라
> 예 種類**によって**味が苦いものもある。
> 종류에 따라서 맛이 쓴 것도 있다.

3. 》》 ～によると

ある調査結果<u>によると</u>、東京やその首都圏では、85.2％と最も多くの人が出勤手段として鉄道や電車などを利用していることがわかった。

정보나 판단의 출처를 나타냄: ~에 의하면 ~에 따르면

> 예 私が聞いたところ<u>によると</u>彼女は就職したそうだ。
> 내가 들은 바로는 그녀는 취직했다고 한다.
>
> 天気予報<u>によると</u>今週の週末は雪が降るそうだ。
> 일기예보에 의하면 이번 주말에 눈이 내린다고 한다.

어휘

公共	こうきょう	JLPT N2	공공
機関	きかん	JLPT N2	기관
路線	ろせん	JLPT N2	노선
開業	かいぎょう		개업
蒸気	じょうき	JLPT N2	증기
機関車	きかんしゃ	JLPT N2	기관차
持ち込む	もちこむ	JLPT N1	가지고 오다, 미해결인 상태로 넘기다
走行	そうこう	JLPT N1	주행, デモ走行 시범 주행
敷設	ふせつ		부설
本格	ほんかく	JLPT N1	본격
想定	そうてい	JLPT N1	상정
有効	ゆうこう		유효
立証	りっしょう		입증
縦横無尽	じゅうおうむじん		종횡무진
乗降	じょうこう		승강, 타고 내림
占める	しめる	JLPT N2	차지하다, 자리잡다, 점유하다
欠かす	かかす		빠뜨리다, 거르다, 빼다
減少	げんしょう	JLPT N1	감소
廃止	はいし	JLPT N1	폐지
払い下げる	はらいさげる		불하하다
強いる	しいる	JLPT N1	강요하다, 강제하다, 강권하다
渓谷	けいこく		계곡, 골짜기

▌遂げる	とげる	JLPT N1	이루다, 얻다, 성취하다, 끝내다
▌詰める	つめる	JLPT N2	채우다, 채워 넣다, 막다른 (궁지로) 몰아넣다
▌ぎゅうぎゅう			단단히 죄는 모양: 꽉꽉, 빈틈없이 눌러 담는 모양: 꾹꾹
▌日常茶飯	にちじょうさはん		일상 다반, 일상 있는 보통 일
▌大動脈	だいどうみゃく		대동맥
▌役割	やくわり	JLPT N2	역할, 소임, 할당된 일
▌担う	になう	JLPT N1	짊어지다, 메다, 떠맡다, 지다
▌所要	しょよう		소요
▌リニア			리니어, linear, 직선의, 직선적인
▌整備	せいび	JLPT N2	정비
▌影響	えいきょう	JLPT N2	영향
▌及ぼす	およぼす	JLPT N2	미치게 하다, (영향을)미치다

한자 쓰기

機関

路線

蒸気

敷設

縦横

減少

占める

強いる

茶飯

整備

廃止

확인하기

Q1. 다음 보기에서 본문의 내용과 관계가 있는 것을 하나 고르시오.

❶ 東京や首都圏では、自動車を利用して出勤する人が多い。

❷ 地方では、民間の企業が鉄道を運営しているのでとても便利だ。

❸ すし詰め状態とは、満員電車の状態を表す表現である。

❹ 2037年に北海道から九州までリニア中央新幹線が繋がる。

Q2. 다음 중 문법적으로 올바로 사용된 문장을 고르시오.

❶ 今回の大雨**によって**、町に多くの被害が出た。

❷ 先生が出した宿題**によって**、週末旅行に行けなかった。

❸ 今度友達と旅行に行くこと**によって**、母からお小遣いをもらった。

❹ 電車の中で、誰か**によって**足を踏んだ。

世界中で愛されているキャラクター ハローキティ

日本で生まれ、世界中で愛されている**Kawaii**キャラクター

生年月日　1974年11月1日
出身地　イギリス　ロンドン郊外
身長　りんご5個分
体重　りんご3個分
血液型　A型
得意なこと　クッキーづくり
好きな食べ物　ママの作ったアップルパイ

キティにはなぜ口が描かれていない？
気持ちを共有してくれているように感じていて、口が描かれていないのがキティにとっての魅力の一つである。
そのかわいらしさから世界中で最も愛されているネコキャラクターでもある。マライアキャリーやレディガガなどもキティ好きで有名である。

第03課

ジャポニスムとKawaii文化

● ● ● ●

ジャポニスムとKawaii文化

• • • •

　19世紀中ごろの万国博覧会で、日本の美術品がヨーロッパに紹介された。特に西洋の画家や作家などに大きな影響を与え、Japonisumeという単語がフランス語の辞書に登場するほどだった。クロードモネの『ラ・ジャポネーズ』という絵には、扇子を持った赤い着物を着た西洋の女性が描かれ、背景にはうちわが描かれている。また、ゴッホの作品として有名な『タンギー爺さん』には、浮世絵が描かれている。そして、絵画以外にはプッチーニの有名なオペラである『蝶々夫人』もジャポニスムの影響を受け生まれた作品である。西洋という、当時の日本からすると先進的であり、文化の進んだ国々でなぜジャポニスムが生まれたのだろうか。

　当時、日本は江戸時代末期で鎖国をしていた。門戸を開いていたヨーロッパの国は、オランダだけだった。オランダを通じて日本の文化が紹介されてはいたが、1853年の黒船来航以降、日本に多くの商船が押し寄せてきた。商

船に乗ってきた商人たちは、日本の浮世絵や陶磁器などを持ち帰るだけでなく、写真や印刷技術という当時の最先端技術を使って、日本の文化をヨーロッパに紹介した。ジャポニスムの第1段階は浮世絵で、その中心はフランスのパリだった。1860年から61年に出版された日本の本の中には、浮世絵がモノクロで紹介され、当時の有名な作家が手紙に日本の工芸品を友人たちと分け合ったと書き残しているほど、日本の文化が注目を集めていた。その後、イギリスへと伝播しロンドン万国博覧会では、陶器や置物などに関心が高まった。それだけでなく、明治時代に入り、曲芸や手品などを専門とする軽業師(かるわざし)がヨーロッパで興行するようになり、多様な文化がヨーロッパで受け入れられた。

　このようにヨーロッパを熱狂させたジャポニスムだが、浮世絵や陶器などの伝統工芸や歌舞伎や能などの伝統芸能から、今はその中心が多様な日本の文化へと移っている。例えば、日本の映画や文学作品、そして漫画やアニメだけでなく、ハローキティやぐでたまなどのかわいいキャラクターなどがその中心である。現代日本の文化を一言で表現すると『Kawaii文化』だそうだ。アメリカのニューズウィーク(2016年8月2日号)に、「かわいいものに夢中になるのは人類共通の本能だとしても、それを文化にしたのは日本だけだ。」と書かれている。日本で街中を歩いていると、「これかわいい」という声をよく聞くし、それを聞いて目を向けるとかわいいものが並んでいたという経験をしたことがある人が少なからずいると思う。そして、この『Kawaii文化』は、

SNSなどを通じて世界中に拡散しているだけなく、ゲームに登場するキャラクターを主人公にした映画やゲームなどが製作され大ヒットし、ある航空会社ではキャラクターとコラボするなど、世界中に影響を与えている。

　日本人や外国人に日本の文化とは何かと訪ねると、浮世絵や歌舞伎などが最初に思い浮かぶだろうが、世界中の10代や20代の若い世代を中心に日本の文化とは『Kawaii文化』となる日もそう遠くないのではないだろうか。

표현 문형

1. 》》 ~からすると

西洋という当時の日本からすると、先進的であり、文化の進んだ国々でなぜジャポニスムが生まれたのだろうか。

[명사＋からすると]

~의 입장에서 생각하면, ~에서 보면

> 예 米を作る農家からすると涼しい夏はあまりありがたくないことだ。
> 쌀을 재배하는 농가에서 보면 시원한 여름은 그다지 달갑지 않은 일이다.
>
> 若者言葉は大人たちからすると、日本語を乱すものとして非難の対象になる。
> 젊은이들 언어는 어른들 입장에서 보면, 일본어를 혼란스럽게 하는 것으로서 비난의 대상이 된다.

2. 》》 ~だろうか

日本人や外国人に日本の文化とは何かと尋ねると、浮世絵や歌舞伎などが最初に思い浮かぶだろうが、世界中の10代や20代の若い世代を中心に日本の文化とは『Kawaii文化』となる日もそう遠くないのではないだろうか。

① [동사・형용사와 그 형태로 활용하는 조동사와의 연체형 +だろう]
말하는 사람의 추측에 의해서 그 사항이 진술되고 있음을 나타냄 : ~겠다, ~것이다
> 예 明日はたぶん雪が降るだろう。
> 내일은 아마 눈이 올 것이다.

② […から…のだろう]
꼴로 진술하고 있는 사항의 인과관계나 이유가 되는 것을 추측함에 씀 : (한 것)이

겠지, ~일 테지

예 不幸な中で、幸せな日々を思い出すのはなんと辛いこと**だろうか**。
불행한 중에 행복한 날들을 떠올리는 것은 얼마나 괴로운 일일까?

3. 〜ほど

Japonisumeという単語がフランス語の辞書に登場する**ほど**だった。

[연체 수식형 + ほど]
어떤 상태가 어느 정도 그러한지 강조해서 말하고 싶을 때 씀: ~정도
「~」에는 말하는 사람의 의지를 포함하지 않는 동사나 동사의 「~たい형」이 오는 경우가 많음

예 昨日は泣きたい**ほど**痛かったけど、今日は大分よくなったよ。
어제는 울고 싶을 정도로 아팠지만, 오늘은 많이 좋아졌어.

昨日は山登りに行って、もう一歩も歩けない**ほど**疲れました。
어제는 등산에 가서 더 이상 한발자국도 걸을 수 없을 정도로 지쳤습니다.

4. 〜だけでなく

日本の浮世絵や陶磁器などを持ち帰る**だけでなく**、写真や印刷技術という当時の最先端技術を使って、日本の文化をヨーロッパに紹介した。

「~뿐만 아니라, 범위는 그 외에도 더 널리 미친다」라고 말하고 싶을 때 씀
ただ~のみならず、ひとり~だけでなく와 비슷하게 쓰임

예 ただ東京都民**だけでなく**、全国民が今度の知事選に関心を持っている。
단지 도쿄도민뿐만 아니라, 전국민이 이번의 지사 선거에 관심을 가지고 있다.

学校の「いじめ」の問題は、ひとり当事者<u>だげではなく</u>、家庭や学校全体で解決していかなければならない。

학교의 "괴롭힘" 문제는 당사자 한 사람 뿐만 아니라, 가정이나 학교전체에서 해결하지 않으면 안된다.

어휘

ジャポニスム			(프랑스) Japonisme, 자포니즘, 일본주의 특히, 구미의 미술에 있어서 일본의 영향이나 그 풍조를 가리킴
万国博覧会	ばんこくはくらんかい		만국박람회
扇子	せんす	JLPT N2	선자, 접이부채, 쥘부채
背景	はいけい	JLPT N1	배경
団扇	うちわ		부채, 심판이 쓰는 부채
爺さん	じいさん		남자 노인을 허물없이 부르는 말, 할아버지
浮世絵	うきよえ		에도시대에 성행한 유녀나 연극을 다룬 풍속화, 춘화(春化)
蝶々夫人	ちょうちょうふじん		나비부인
先進	せんしん		선진, 선배
鎖国	さこく		쇄국, 다른 나라와의 교통이나 통상을 금함
門戸	もんこ		문호, 출입고, 일가
黒船	くろふね		에도시대 말기에 서양 배를 부른 이름
来航	らいこう		내항
以降	いこう	JLPT N2	이후
商船	しょうせん		상선
押し寄せる	おしよせる	JLPT N1	몰려들다, 밀어닥치다
陶磁器	とうじき		도자기
印刷	いんさつ	JLPT N2	인쇄
先端	せんたん	JLPT N2	첨단
工芸	こうげい	JLPT N2	공예
分け合う	わけあう		서로 나누다
書き残す	かきのこす		다 쓰지 않고 남겨두다, 써서 남기다(전하다), 다 쓰지 않고 빠뜨리다

伝播	でんぱ	전파
置物	おきもの	객실, 床の間 등에 두는 장식물
曲芸	きょくげい	곡예
軽業師	かるわざし	곡예사, 위험이 많은 사업을 하는 사람
興行	こうぎょう	흥행
受け入れる	うけいれる	JLPT N1 받아들이다, 떠맡아 맞아들이다, 보살피다, 수납하다
熱狂	ねっきょう	열광
歌舞伎	かぶき	가부키, 가무를 연주하는 일
能	のう	노, 일본의 전통 가면극
芸能	げいのう	예능
人類	じんるい	JLPT N2 인류
拡散	かくさん	JLPT N1 확산, 퍼져서 흩어짐
製作	せいさく	JLPT N2 제작
航空	こうくう	JLPT N2 항공
思い浮かぶ	おもいうかぶ	마음에 떠오르다, 생각나다

한자 쓰기

博覧会

扇子

爺さん

蝶

蝶

黒船

来航

以降

商船

陶磁器

印刷

先端

熱狂

拡散

확인하기

Q1. 다음 보기에서 본문의 내용과 관계가 <u>없는</u> 것을 하나 고르시오.

① かわいいものを文化にしたのは日本だけだ。

② Kawaii文化は、SNSなどを通じて世界中に拡散している。

③ 19世紀中ごろ、Japonisumeという単語がイギリス語の辞書に登場した。

④ 商人たちは、写真や印刷技術という当時の最先端技術を使って、日本の文化をヨーロッパに紹介した。

Q2. 다음 중 문법적으로 <u>틀리게</u> 사용된 문장을 고르시오.

① 米を作る農家<u>からすると</u>涼しい夏はあまりありがたくないことだ。

② もう一歩も歩けない<u>ほど</u>疲れました。

③ 当事者<u>だげではなく</u>、学校全体で解決しなければならない。

④ 不幸せな日々を思い出すのはなんと辛いこと<u>だろう</u>。

日本の労働事情

　日本人は働きすぎだと言われている。しかし、日本を含めたいくつかの国の労働時間について調べてみると、表のように日本はアメリカに比べると短くなっている。労働時間は、イギリス、フランス、ドイツなどのヨーロッパの国々と比べると確かに長いが、アメリカに比べて比較的短いということが分かる。参考までに、一年間の休日についても調べてみると、週の休日は土曜と日曜であるためすべての国が同じだが、法定休日となると日本は他の国に比べると少し多い。また、年次有給休暇は、労働者が取得することができる休みであるが、これが日本はおよそ18日となっている。アメリカに比べるとどちらも多いが、それでも日本人は、働きすぎだと思われている。

　ところで日本は、国が決めた法定休日がなぜこんなに多いのかと言われるのだろうか。実は、年次有給休暇が日本では平均で18日間与えられるが、実際にその休む日数は下に書いてあるように、平均9日となっている。つまり、与えられた年次有給休暇の内の半分しか使っていないということになる。そこで国が、あまり休まないであれば、無理やりにでも休んでもらおうという目的で、祝日を多く作ったためだと言える。

　このように、日本は国が決めた無理やり休ませるという目的で、法定休日が多くある国であるということが分かっていただけただろうか。

おもな国の労働時間と休日

	労働時間（時間）		年間休日（日）		
	年間	週当たり	週休日	法定休日	年次有給休暇
アメリカ	1,783	46.2	104	10	8.0
日本	1,713	37.6	104	16	18.2
イギリス	1,676	41.5	104	8	25.0
フランス	1,472	38.2	104	11	25.0
ドイツ	1,363	40.0	104	9	30.0

出典：データブック国際労働比較　　　　　　　＊日本の平均取得日数は9.0日

第04課

平日のランチ、どうしてる?

● ● ● ●

학습목표

○ 일본 샐러리맨의 점심 문화 이해
○ 관련 표현 문형 익히기
○ 샐러리맨의 점심 내용을 통해 독해력 향상

平日のランチ、どうしてる?

●●●●

　日本で働く多くのサラリーマンが、一日で一番楽しみにしてる時間は、そうお昼ご飯の時間です。お昼ご飯の時間になると、オフィス街は今日何を食べようかと考えているサラリーマンで溢れかえります。そして、近くの食堂やレストランなどでは、ランチを食べる人たちの行列ができることもあります。それに会社の近くにあるコンビニやお弁当屋でもランチを求める人たちが多くみられます。

　最近では、フードトラックと言って、会社の近くにキッチンが備わったトラックが来てランチを提供したり、お弁当を売ったりするサービスが増えてきています。定番の和食のメニューから、ちょっとおしゃれなイタリア風の洋食まで多種多様です。このフードトラックの登場で、いつも同じ店で食べてばかりだった人やコンビニのお弁当ばかり食べていた人たちにとってうれしいサービスの一つになっています。また、食堂やレストランでは、お財布

事情の厳しいサラリーマンたちのために、ワンコインランチと言って500円でランチを食べることができる店もあります。東京の都心の飲食店では、ランチの値段が1000円もするところが多くみられるなかで、少ないお小遣いをやりくりしているサラリーマンには、ランチが500円で食べられるというのはありがたいことだそうです。

　ある調査会社が行ったサラリーマンのランチ事情に関する調査によると、「ランチに何を食べる？」というアンケートの結果(複数回答可)、外食が49％と最も多く、その次にコンビニやスーパー、お弁当屋が44％、そして、家でお弁当を持ってくるが29％でした。会社の近くにある食堂やレストランなどで食べる人や、コンビニやお弁当屋で買って食べるが最も多いことがわかります。では、どのようなメニューが人気なのでしょうか。調査の結果、最も人気のあるメニューは、和食でした。そしてその次に洋食、そば・うどん、パン、どんぶりと続きました。また、1回の食事代はいくらなのかという質問では、350円から500円が37％、350円未満が33％、500円から700円が20％となっており、先ほどのワンコインランチが人気の理由がわかると思います。

　さらに、いつもコンビニのお弁当やカップラーメンなどでお昼を済ませてしまい、バランスのいい食事が難しいサラリーマンが多くいる中で、企業も社員の健康に気を遣うようになってきています。あるメーカーでは、プロの管理栄養士による健康的でバランスのいいランチが提供されているそうで

す。野菜をたっぷり使い、しっかりとだしを取ることで薄めの味付けに、そして、季節のおいしい食材を使い、楽しく食べることができるメニューになっているそうです。また、カウンセリングルームでは、無料でアドバイスを受けることができるそうです。

　普段、仕事があまりにも忙しくて、簡単に済ませてしまいがちのサラリーマンのランチですが、食べることはとても大切です。おいしいランチを仲のいい同僚と一緒に、楽しく食べてみてはいかがでしょうか。

1. ≫ 수동표현 ～みられる

それに会社の近くにあるコンビニやお弁当屋でもランチを求める人たちが多く**みられます**。

見る(=보다)'의 피동형. 남에게 (그렇게) 보이다, 볼 수 있다

[1단 동사 う단 어미 → あ단 어미 + れる]

예) 読む → 読まれる 읽히다　　　　言う → 言われる 말해지다

　　書く → 書かれる 쓰이다　　　　聞く → 聞かれる 늘리다

見る(=보다)'의 수동형. 남에게 (그렇게) 보이다

[2단 동사 어미る → られる]

예) 食べる à 食べられる 먹어지다

[3단 불규칙 동사]

예) する → される, くる → こられる

예 彼は昨日の残業で疲労の色が**みられる**。
그는 어제 잔업으로 피로의 기색이 엿보인다.

サイバー韓国外国語大学校の学生には努力の跡が**みられる**。
사이버한국외국어대학교의 학생들에게는 노력의 흔적이 보인다.

この癖ではたから変な目で**みられます**。
이 버릇때문에 주위로부터 이상한 눈으로 보여집니다.

2. ≫ ばかり

いつも同じ店で食べて**ばかり**だった人やコンビニのお弁当ばかり食べていた人たち

ばかり [부조사]

1) 사물의 정도나 범위를 한정해 말하는 것으로 쓰임

2) ~정도, ~쯤, 가량 (=ほど、くらい)

　　三つ**ばかり**ください。세 개 정도 주세요.

ばかり [부조사]

3) ~만, ~만으로는, ~만해도

　　彼は遊んで**ばかり**だ。그는 놀기만 한다.

4) ~막 ~하다.　방금 ~하다.

　　今来た**ばかり**だ。지금 막 왔다.

　　食べた**ばかり**だ。이제 막 먹었다.

　　例 おじいさんはいつも同じ昔話ばかりします。
　　　　할아버지와 언제나 같은 옛날 이야기만 합니다.

　　　　彼は失恋して寝てばかりだ。
　　　　그는 실연해서 잠만 잔다.

3. 　～そうだ　전문

> ランチが500円で食べられるというのはありがたいことだ**そうです**。

동사＋そうだ　~라고 한다.

다른 사람의 말이나 들은 내용, 본 내용을 전달 할 경우, 동사의 뒤에 そうだ가 붙어 사용

추측으로 사용되는 경우도 있음

　　例 彼の話によるとあの人たちは付き合っている**そうだ**。
　　　　그의 이야기에 따르면 저 사람들은 사귀고 있다고 한다.

　　　　天気予報によると週末には雨が降る**そうだ**。
　　　　일기예보에 의하면 주말에는 비가 내린다고 한다.

4. ≫ ～しがち

> 普段、仕事があまりにも忙しくて、簡単に済ませて**しまいがち**のサラリーマンのランチ

　　～しがち, ～がち

　　(체언, 동사 연용형에) 붙어서 그렇게 하는 경향이나 상태가 많음을 나타냄

　　~하기 십상이다, ~하는 편이다, 걸핏하면~하다

　　　예 全ての事が急ぐと失敗**しがち**だ。
　　　　모든 것이 서두르면 실패하기 십상이다.

　　　　彼は親切な男であったが、酒を飲むとけんか**しがち**だった。
　　　　그는 친절한 남자였으나 술만 마시면 싸우려고 했다.

　　　　状況が突然変わったり、変更されたり**しがち**だ。
　　　　상황이 갑자기 변한다거나 변경되기 십상이다.

　　　　彼たちは噂を無視**しがち**だった。
　　　　그들은 소문을 무시하는 경향이었다.

어휘

働く	はたらく	일하다
楽しみにする	たのしみにする	학수고대하다
オフィス街		도심, 사무실 거리, 오피스 거리
溢れかえる	あふれかえる	넘쳐나다, 대만원이다
求める	もとめる	구하다, 바라다
備わる	そなわる	갖춰지다, 구비되다
増える	ふえる	늘다, 늘어나다
定番	ていばん	항상 잘 팔리는 상품
おしゃれ		멋쟁이
財布	さいふ	지갑
厳しい	きびしい	엄하다, 혹독하다, 힘들다
ワンコインランチ		원 코인 런치, 동전 하나로 사 먹을 수 있는 점심식사
小遣い	こづかい	용돈
やりくりする		둘러 대다, 둘러쓰다, 변통하다
行う	おこなう	행하다
そば		소바, 메밀국수
どんぶり		돼지고기 덮밥
続く	つづく	계속되다, 계속하다
済ませる	すませる	끝내다
気を遣う	きつかう	마음을 쓰다, 신경을 쓰다, 배려를 하다
たっぷり		듬뿍, 많이(충분히 많은 양)
しっかり		단단히, 확실히, 꽉

薄め	うすめ	(빛깔, 맛 등) 연한, 묽음
味付け	あじつけ	맛을 냄, 맛을 낸 것
もってこい		꼭 맞음, 알맞음, 안성맞춤

한자 쓰기

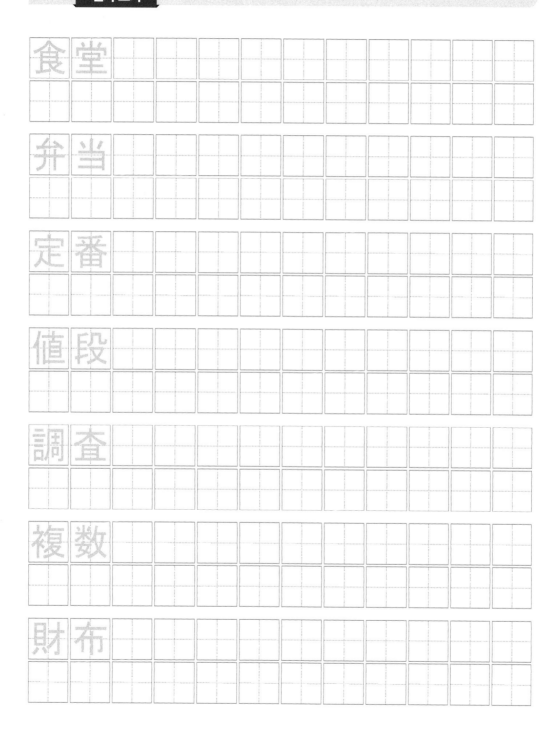

食堂

弁当

定番

値段

調査

複数

財布

企業

管理

回答

栄養

普段

同僚

Q1. 설문 조사 결과, 일본에서 샐러리맨들이 가장 많이 먹는 점심 메뉴는?

❶ 洋食

❷ 和食

❸ うどん

❹ どんぶり

Q2. 다음 중 문법적으로 맞게 사용된 문장을 고르시오.

❶ 同じ店で食べてばかりした人やコンビニのお弁当食べてばかりいた人たち。

❷ 今日何を食べようと考えているサラリーマンで溢れかえります。

❸ キッチンが備えたトラックが来てランチを提供する。

❹ ランチの値段が1000円もするところが多くみられる。

日本の交通事情

おもな国の旅客輸送の機関別輸送量の割合

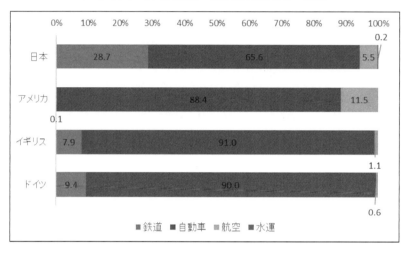

出典：国土交通白書

おもな国の貨物輸送の機関別輸送量の割合

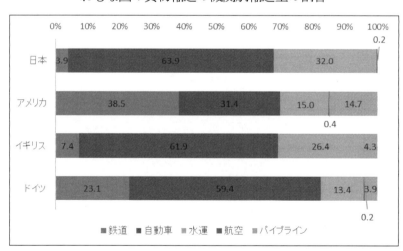

出典：国土交通白書

所要時間が，4時間以内のところでは，飛行機よりも新幹線の利用が多くなります。

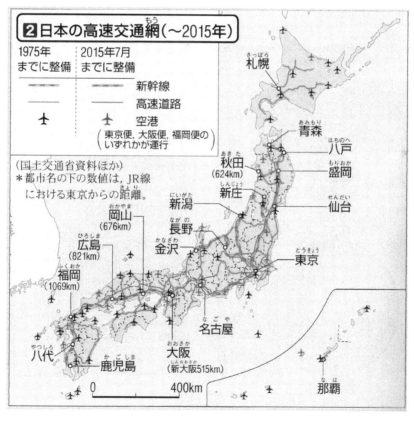

❷日本の高速交通網（〜2015年）

1975年 までに整備	2015年7月 までに整備	
────	────	新幹線
──	──	高速道路
✈	✈	空港 （東京便，大阪便，福岡便の いずれかが運行）

（国土交通省資料ほか）
＊都市名の下の数値は，JR線
における東京からの距離。

札幌
青森
八戸
秋田
（624km）
盛岡
新庄
新潟
仙台
岡山
（676km）
長野
広島
（821km）
金沢
福岡
（1069km）
東京
名古屋
八代
大阪
（新大阪515km）
鹿児島
那覇

0　　400km

東京書籍　中学1年地理教科書より引用

63

第05課

日本の漫画の歴史と漫画の神様「手塚治虫」

• • • •

日本の漫画の歴史と漫画の神様「手塚治虫」

• • • •

　「漫画」という単語は、江戸時代の浮世絵師である山東京伝の絵本で初めて見られた。日本で生まれた和製漢語であり、「気の向くままに漫然と描いた画」という意味である。「漫画」という単語が登場して220年以上が過ぎた現在、「manga」として世界中で通じており、日本の漫画を指す固有名詞となっている。

　日本の漫画の歴史は、平安時代にさかのぼる。京都の高山寺(こうざんじ)に伝わる『鳥獣人物戯画』という絵巻物は、「日本最古の漫画」と称されている。そこには、カエルやうさぎ、サルなどが擬人化されて描かれており、早く動いていることを表す表示や、話していることを示す「吹き出し」に似たものが見られ、現在の漫画にも用いられている手法がとられている。このように、絵巻物は漫画の源流ともいえ、その流れは現在の漫画に引き継がれているのである。

　江戸時代に入り、「黄表紙」という娯楽本に文が添えられた滑稽な読み物として江戸時代の町人たちを楽しませていた。そして、『北斎漫画』では、人の様子や動物、妖怪などが数多く描かれており、その影響は現代の漫画に多く見られている。特に妖怪については、水木しげるの『ゲゲゲの鬼太郎』や高橋留美子の『犬夜叉』など多くの漫画で見ることができるだけでなく、子供たちに人気のある『妖怪ウォッチ』などを通じて、多くの妖怪がかわいいキャラクターとして身近な存在になっている。

　現代で言う「漫画」は、昭和に入ってから日常語として使われるようになった。英語の"comic"を漫画に翻訳したのは、明治から昭和にかけて風刺漫画を描いた「北澤楽天」が最初である。北澤の漫画は、現代の漫画の意味を普及するのに一役買っているだけでなく、日本で最初の職業漫画家として活躍し、漫画家の育成に努めたと言われている。その後漫画は、手塚治虫や石ノ森章太郎、鳥山明、井上雄彦など多くの著名な漫画家たちによって、日本の大衆文化として花開かせた。その結果、日本の漫画は世界中で老若男女問わず多くの人たちに愛されるものになったのである。

　1963年1月から日本のテレビ番組史上初のテレビアニメ『鉄腕アトム』が放映され、多くの人たちに愛され続けている。この作品を生み出したのが、「漫画の神様　手塚治虫」である。手塚は、多くの作品を世に送り出し、『ドラえもん』の原作者である藤子不二雄など、その後デビューしていく漫画家たちに多くの影響を与えた。

　手塚治虫という一人の漫画家そしてアニメーターは、日本のアニメや漫画だけでなく世界中に多大なる影響を与えた。「漫画の神様　手塚治虫」は死後数十年たった今でも、アニメやマンガの中で生き続けているのである。

표현 문형

1. ≫ ～(さ)せる

滑稽な読み物として江戸時代の町人たちを**楽しませていた**。

동사의 ナイ형 + (さ)せる

1) 남에게 어떤 동작을 하게 함. 사역의 의미를 나타냄

　예 この仕事は彼に**させよう**。
　　이 일은 그한테 시켜야지.

2) 다른 행동에 대한 불간섭 혹은 방임, 허용의 의미를 나타냄

　예 本人の好きなように**させる**。
　　본인이 하고 싶은 대로 하게 한다.

3) 타동사의 의미로 사용

　예 水を**沸騰させる**。
　　물을 끓이다.

2. ≫ ～から～にかけて

明治**から**昭和**にかけて**風刺漫画を描いた「北澤楽天」が最初である。

명사+から～명사+にかけて : ~부터~에 걸쳐

~から~まで와 비슷하게도 쓰이지만 의미 차이가 있다면
~から~まで는 확실한 범위가 정해져 있는데 비해 から~かけて는 정해져　있는 범위
가 막연하다는 차이점이 있음

예 日本では３月から５月にかけて桜が見られます。

일본에서는 3월부터 5월에 걸쳐 벚꽃이 보입니다.

肩から指先にかけて痺れている。

어깨에서 손끝까지 저린다.

3. ≫ ～問わず

老若男女問わず多くの人たちに愛されるものになったのである。

～を問わず/問わず

명사＋を問わず/問わず: ~묻지않고, 불문하고

어떤 조건A라도 문제없이 B이다라는 의미로 쓰이며, 차이가 있는 단어(연령, 경험, 날씨 등), 대립되는 단어(남녀, 내외, 유무 등)에 붙음

예 バドミントンは年齢を問わず、楽しめるスポーツだ。

배드민턴은 연령을 불문하고 즐길 수 있는 스포츠다.

この国は昼夜を問わず、いつも多くの人で賑わっている。

이 나라는 밤낮을 가리지 않고 항상 많은 사람들로 붐빈다.

어휘

漫画	まんが	만화
神様	かみさま	신
絵師	えし	(雅語) 화가
絵本	えほん	그림책
和製漢語	わせいかんご	일본식 한자어
漫然	まんぜん	만연, 막연한 모양, 멍(청)한 모양
平安時代	へいあんじだい	헤이안시대, 桓武天皇의 平安京 정도(定都)이후 鎌倉幕府 성립시까지 약 400년간(794-1192)
鳥獣人物戯画	ちょうじゅうじんぶつぎが	교토시 고산지(高山寺)에 전해지는 지본묵화의 두루마리 그림
絵巻物	えまきもの	두루마리 그림
称す	しょうす	일컫다
擬人化	ぎじんか	의인화
表示	ひょうじ	표시
吹き出し	ふきだし	말풍선
手法	しゅほう	수법
源流	げんりゅう	원류
引き継ぐ	ひきつぐ	계승하다
黄表紙	きびょうし	에도시대 중엽에 간행된 소설책, 노란빛의 표지
娯楽	ごらく	오락
添える	そえる	첨부하다, 곁들이다
滑稽	こっけい	우스꽝스러움, 익살
妖怪	ようかい	요괴, 도깨비 = 化け物、お化け

▍風刺	ふうし	풍자
▍普及	ふきゅう	보급
▍職業	しょくぎょう	직업
▍活躍	かつやく	활약
▍育成	いくせい	육성
▍努める	つとめる	노력하다
▍著名	ちょめい	저명, 유명
▍大衆文化	たいしゅうぶんか	대중문화
▍花開く	はなひらく	꽃이 피다, 결실을 맺다
▍老若男女	ろうじゃくだんじょ、ろうにゃくなんにょ	남녀노소
▍放映	ほうえい	방영
▍作品	さくひん	작품
▍生み出す	うみだす	새로 만들다, 산출하다

한자 쓰기

漫画

漫然

鳥獣人物戯画

擬人化

娯楽

滑稽

妖怪

風刺

職業

活躍

著名

大衆文化

老若男女

Q1. 본문의 내용과 다른 것을 고르시오.

❶ 「漫画」という単語は、「気の向くままに漫然と描いた画」という意味である。

❷ 絵巻物は漫画の源流ともいえ、その流れは現在の漫画に引き継がれているのである。

❸ 多くの妖怪がかわいいキャラクターとして身近な存在になっている。

❹ 現代で言う「漫画」は、明治に入ってから日常語として使われるようになった。

Q2. 다음 중 문법적으로 맞게 사용된 문장을 고르시오.

❶ 京都の高山寺(こうざんじ)に伝える絵巻物は、「日本最古の漫画」とされている。

❷ 滑稽な読み物として江戸時代の町人たちに楽しませていた。

❸ 手塚治虫は、日本のアニメや漫画だけでなく世界中に多大なる影響を与えた。

❹ 漫画は、多い著名な漫画家たちによって、日本の大衆文化で花開かせた。

スタジオジブリ

日本を代表するアニメ制作会社で、
サハラ砂漠に吹く熱風「Ghibli」に由来している。

宮崎駿、高畑勲監督の作品が最も多い。

感動を呼ぶストーリや、生き生きと描かれた登場人物、キャラクター、そして、
背景として描かれている美しい自然や建物など独特の世界観が特徴。

代表作品

- 風の谷のナウシカ
- となりのトトロ
- 天空の城ラピュタ
- 火垂るの墓
- もののけ姫
- 千と千尋の神隠し

東京の「三鷹の森ジブリ美術館」では、ジブリの世界を直接体験することができる。

常に日本のアニメ界のトップを走り続けてきたスタジオジブリだが、「崖の上のポニョ」では、現代のアニメ制作では欠かすことができないCGを使わないで、昔ながらの手書きのアニメの制作も行っている。

また、毎年テレビで｢天空の城ラピュタ｣が放映されているが、その終盤で主人公たちが滅びの呪文｢バルス｣を叫ぶのに合わせて、Twitterで｢バルス｣と投稿する｢バルス祭り｣が恒例となっている。このようなネット上でのイベントを通じて、ジブリの作品の人気の高さと社会的な影響を見ることができる良い例となっている。

第06課

あいまいな日本語

• • • •

○ ～など・なんか・なんて
○ ～にとって
○ ～だけでも
○ ～わけだ

○ 일본어 표현 이해
○ 관련 어휘 및 문형 익히기
○ 일본어의 특징에 관한 내용을 통해 독해력 향상

あいまいな日本語

● ● ● ●

　日本人の言語生活には、さまざまな特徴がみられます。金田一春彦は、日本語の特徴について、発音の面では音節の種類が少なく同音語が多いこと、文法の面では人称や数などはっきり言わず、大ざっぱで漠然とした表現が多いことなどを挙げており、日本語の表現は、相手の勘にたよることが多い言葉であると指摘しています。

　また、多くの学者たちが日本語の共通した大きな特徴として、あいまいさを挙げています。岩淵正は、「でも」「とか」をはじめ、「など」「なんか」「とやら」「っていうか」「みたいな」など、これらに共通していることばのあいまい化による心配りは、現代を生きる若者たちにとって、人間関係をつなぐ武器として、無意識のうちに定着しているのかもしれないと言っています。(『日本語の反省帳』岩淵正)

　西蔭浩子も、外国人にとっての日本語の難しさとしてあいまいさを挙げ、

次のように説明しています。

　それぞれの国で培われた言葉の使い方、使われ方がありますが、日本語には衝突を避けるための明示的でない表現や、ワン・クッション置いたりする気配りの言い回しが多いのではないでしょうか。それぞれの言葉にはその国の、またその国民の心が秘められています。日本語のあいまいさもその内容がわかれば魅力にもなりますから、日本人同士の会話がただ単にあいまいに進んでいるということを分かってほしいのです。日本語の文末は言い切る表現が少なく、やたらと「……」とつく言い方が目立ちます。「ちょっと用事がありますので……」「切手が一枚ほしいんですが……」といった語尾を最後まで終わらせない言い方に始まり、「それはちょっと……」「私はいいとは思うんですが……」といった責任回避的な表現までちょっと考えただけでもどんどん出てきます。なぜ、日本人は希望や要求を隠し込んでしまうのか、なぜはっきり物を言うことがいけないのか。これは話し手だけの問題ではなく、聞く方も相手に最後まで言わせないようにできるだけ相手の気持ちを察して会話を円滑に運ぶように努力していることをわからせます。この結果、「あ・うんの呼吸」とか「以心伝心の精神」といった日本語の独特なコミュニケーション・パターンが育まれてきているのです。しかし、日本人同士ならスムーズにいくコミュニケーションも、外国からの人たちとの話し合いになるとトラブルのもとになり、日本語は曖昧模糊として分かりにくい、とか、日本人はうそつきといった非難の対象になってしまうのです。また、外国人に

は「どうして日本人ははっきりと最後まで話していないのに、相手の言いたいことが分かるんだろう」という素朴な疑問になり、その先、「日本語は難しい」という印象を与えてしまい、日本語を学ぶ人にとって大きな障害になってしまいます。

　外山滋比古は、「よく「あの話には裏がある」というようなことが言われる。表面的な意味にだけではなく、別な意味が潜んでいる。うっかりすると、見逃がしてしまうが、通人なら分かるというわけだ。その「裏」を解釈して、えたり賢しとする人間はどこにもいる。われわれは、表だけでは面白くない。裏のある話が面白いと感じている。単純明快なのは、どこか幼稚なように感じる。日本語が暗示性に富んでいるのは、このあいまいの美学のためであると思われる。それが文学の表現だけでなく、日常の会話にまで及んでいることが、日本人の言語生活をときとしてわかりにくいものにしている。」と述べ、日本語のあいまいさを美学に喩えています。

표현 문형

---

1. 》》 **〜など・なんか・なんて**

「**など**」「**なんか**」「とやら」「っていうか」「みたいな」など、これらに共通して
いることばのあいまい化による心配り

~와 같은 것은 / ~같은 것은

① 여러가지 중 몇가지 예를 들 때 사용

「명사 [사전형] ＋など・なんか・なんて」

예 オレンジやメロン**など**のフルーツが好きです
오렌지나 멜론 같은 과일을 좋아합니다.

② 겸손을 표할 때 사용

「자기 자신＋など・なんか・なんて」

예 A：Bさん、きれいになったね。

B：いやいや、 Aさんに比べたら私**なんて**全然だよ。
A：B씨 예뻐졌네요.
B：아니에요, A씨에 비하면 저는 전혀 그렇지 않아요.

③ 대상을 경시(경멸)할 때 사용

「대상(사람・동물・물건・일)＋など・なんか・なんて」

예 僕が君**なんか**に試合で負けるなんてあり得ないよ。
내가 너 따위에게 시합에서 질 리가 없어.

そんな仕事**なんか**するものか。
그런 일 따위 할까 보냐

2. ～にとって

> 現代を生きる若者たち**にとって**、人間関係をつなぐ武器として、無意識のうちに定着しているのかもしれない

「A**にとって**(は)Bだ。」(A는 주로 사람을 나타내는 명사): A에게는(A의 경우에는) B이다.

A의 시점이나 입장을 나타내는 표현, 판단과 평가 내용이 뒤를 이음

예 私**にとって**最も印象的な映画は「タイタニック」でした。
저에게 있어서 가장 인상적인 영화는 "타이타닉"입니다.

現代人**にとって**、スマホは生活の一部である。
현대인에게 있어서, 스마트폰은 생활의 일부이다.

3. ～だけでも

> ちょっと考えた**だけでも**どんどん出てきます。

「だけ」＋「でも」: ~만이라도; ~만해도

「～だけで」「～だけでも」「～だけでは」 등의 형태로 한정된 조건을 나타냄

~だけ: 정도・범위의 한계를 나타냄, …만큼; …대로

※ だけ와 비교

① ばかり: 사물의 정도・범위를 한정해서 말하는 데 씀, …정도; …쯤, …만으로는; …만 해

② しか: (뒤에 부정을 수반하여)'그것만'이라고 한정하는 뜻을 나타냄, …밖에.

③ のみ: 오직 그것뿐; …만, 강조해서 말하는 데 씀

4. 》》 ～わけだ

うっかりすると、見逃がしてしまうが、通人なら分かるという**わけだ**。

「普通形＋わけだ」：(…이니까 당연히 ~이라는 결과가 됨)

어떤 사실이나 상황으로부터, 당연히 그렇게 되는 것을 설명하거나 설명을 듣고 잘 알았을 때에 사용

예 そんなことを言ったから、彼が怒る**わけ**だ。

그런 말을 하니까 그가 성내는 거다(당연하다).

宝くじに当たったから、彼はそんなにぜいたくができる**わけ**だ。

복권에 당첨되어서 그는 그렇게 사치스러울 수 있는 거다.

어휘

文法	ぶんぽう	문법
人称	にんしょう	인칭
大ざっぱ	おおざっぱ	대략적임, 조잡함, 대충, 얼추, 대범함
漠然	ばくぜん	막연
表現	ひょうげん	표현
勘	かん	직감력, 육감
指摘	してき	지적
学者	がくしゃ	학자
共通	きょうつう	공통
定着	ていちゃく	정착, 말·사상 등이 그 사회에 뿌리 박음
培う	つちかう	(초목을)북주다, 배토하다, (힘/성질 등을)기르다, 배양하다
衝突	しょうとつ	충돌
避ける	さける	피하다
明示	めいじ	명시
ワン・クッション(one＋cushion)		원 쿠션; 충격을 완화시키기 위해 사이에 마련하는 단계
言い回し	いいまわし	표현(하기), 말(주변)
秘める	ひめる	숨기다, 비밀히 하다, 내부에 가지다, 내포하다
言い切る	いいきる	단언하다, 잘라 말하다, 말을 마치다
目立つ	めだつ	눈에 띄다, 두드러지다
語尾	ごび	어미, 낱말의 끝, 활용어의 변화하는 끝부분
最後	さいご	최후, 마지막, 맨 뒤, ...하는 것을 최후로, 일단 ...했다 하면
責任	せきにん	책임

▎回避	かいひ	회피
▎希望	きぼう	희망
▎要求	ようきゅう	요구
▎隠す	かくす	감추다, 숨기다
▎円滑	えんかつ	원활
▎呼吸	こきゅう	호흡, 일의 요령, 미립
▎以心伝心	いしんでんしん	이심전심
▎独特	どくとく	독특
▎曖昧模糊	あいまいもこ	애매모호
▎素朴	そぼく	소박
▎疑問	ぎもん	의문
▎障害	しょうがい	장애, 장해, 방해, 방해물, '障害競走'의 준말
▎裏	うら	뒤, 뒷면, 안, 겉과 반대되는 일
▎潜む	ひそむ	숨어 있다, 잠재하다
▎見逃す	みのがす	내버려두다, 보고도 못 본 척 하다, 무시하다, (목적을 이루지 못하고) 놓치다, 간과하다
▎通人	つうじん	어떤 일에 통달한 사람, 물정 특히 화류계 사정에 환하고 속이 틔어 멋있는 사람
▎単純明快	たんじゅんめいかい	단순명쾌
▎幼稚	ようち	유치
▎暗示	あんじ	암시
▎富む	とむ	부하다, 재산이 많다, 많다, 풍부하다
▎美学	びがく	미학
▎喩え	たとえ	비유, 또, 비유한 것

한자 쓰기

発音

音節

同音語

人称

漠然

培う

衝突

秘める

語尾

円滑

呼吸

曖昧模糊

素朴

障害

通人

喩え

확인하기

Q1. 본문의 내용과 같은 것을 고르시오.

❶ 日本語の表現は、相手に伝わるようにはっきりと言う言葉である。

❷ 日本語の文末表現に言い切る表現が多いのは、相手の気持ちを察している
からである。

❸ あいまいの美学とは、暗示性に富んでいるからである。

❹ ことばのあいまい化は、若者たちにとっての人間関係を切る武器として定
着している。

Q2. 다음 중 문법적으로 틀리게 사용된 문장을 고르시오.

❶ 日本語にとってあいまいな表現は、コミュニケーションの手段の一つであ
る。

❷ 私がここに来たのは、田中さんに言われたわけだ。

❸ あの人が言うことなんか信じてはだめだよ。

❹ ここまで来たのだから、せめてお茶だけでも飲んでいきなさい。

和食の基本

一汁三菜

主食　　ご飯, どんなおかずとも相性がよい

　　　　エネルギー(炭水化物)

───────────────────────

一汁　　みそ汁, 吸い物(水分)

三菜　　• 主菜(1種) : 魚, 肉, 卵, 大豆・大豆加工品

　　　　　　　　体をつくる, たんぱく質

　　　　• 副菜(2種) : 野菜, きのこ類, (果物類)

　　　　　　　　体の調子を整える, ビタミン, ミネラル類

煮物(副菜)　焼物(主菜)　和え物(副菜)　主食　汁物

基本の和食

第07課

日本人と雨

• • • •

학습목표

○ 일본 기후 및 비 관련 표현 이해
○ 관련 어휘 및 문형 익히기
○ 일본의 비에 관한 내용을 통해 독해력 향상

日本人と雨

• • • •

　日本は良く「四季のある国」だと言われます。春は桜が咲き暖かく過ごしや
すい「春うららか」な日が、そして夏は湿気が多く気温が高い「蒸し暑い日」が
多いです。それから秋は朝晩が涼しく「秋晴れ」という穏やかな日が、また冬
は「木枯らし」が強く吹き寒い日があるように、気候に多様な変化があります。
す。しかし、日本はとても雨の多い国なのです。一年間の降水日数は、世界
で13番目に多く、特に新潟県上越市は、世界3位にランクインするほど雨の
日が多い地域です。また、世界で一番傘を持っているのも日本人だという面
白いデータもあります。つまり日本は、雨が中心の気候だと言えます。

　ところで、日本には雨に関するものが非常に多いです。まず、雨に関する
語いが多いのが特徴です。春に降る雨のことを「春雨」と言いますし、6月か
ら7月中旬にかけて北海道を除く長雨を「梅雨」と言います。そして、夏の夕
方にいきなり降り出す雨のことを「夕立」といい、また晴れているのに雨が降

ることを「狐の嫁入り」と言います。このほかにも雨に関する表現は数多くあり、400種類以上あると言われています。

　次に、雨をテーマにした作品が数多くあります。雨をテーマにした流行歌や童謡が多く歌われていますし、ドラマや映画などで雨のシーンが数多く登場します。そして、鎌倉時代の絵巻物には雨が降る中で傘をさしている人たちが描かれています。また、宮沢賢治の『雨にも負けず』や辰野たつの隆ゆたかの『雨の日』など、雨をテーマにした文学作品も非常に多いです。

　それから、雨は日本人の生活にも深くかかわっています。地域差はありますが、日本の家には雨戸と呼ばれるものがあります。雨戸は、台風や雨風が強い日に使うことが多く、窓が割れて雨が家の中に入ってくるのを防ぐ役割を担っています。そして、日本の主食である「米」も雨と深い関係があります。なぜなら、梅雨時期に降る多くの雨が、稲が成長していくために必要な養分をもたらしてくれるからです。

　このように、雨は日本を代表する気候であり、文化であり生活の一部であると言えます。多くの人が、雨の日は出かけるのが億劫になりがちですが、雨上がりの雲の合間からきれいな青空を見ることができるかもしれませんよ。

표현 문형

1. >> ～やすい

春は暖かく過ごし**やすい**「春うららか」な日が、そして夏は気温が高い「蒸し暑い日」が多いです。

~하기 쉽다

「동사ます형 어간＋やすい」

예 田中先生の説明はわかり**やすい**です。
다나카선생님의 설명은 알기 쉽습니다.

この入れ物は**割れやすい**ので、注意してください。
이 그릇은 깨지기 쉬우니 주의해 주세요.

2. >> ～に関する

日本には雨**に関する**ものが非常に多いです。

…에 관한, …에 대한

「명사＋に関する」

예 交通**に関する**アンケート調査にご協力してください。
교통에 관한 설문조사에 협력해 주세요.

写真**に関する**最新情報を無料で配信いたします。
사진에 관한 최신 정보를 무료로 보내드리겠습니다.

3. 》》 ～し、

> 雨をテーマにした流行歌や童謡が多く**歌われていますし**、ドラマや映画などで雨の
> シーンが数多く登場します。

~하고, 인데다가 (이유나 설명을 열거 할 때 사용)

「형용사/동사 기본형+し」「명사+だ+し」

① 여러 가지 이유를 거듭 말할 때 사용. 「～し」가 하나만 사용되는 경우라도, 그 외
  의 다른 이유가 있다는 의미를 내포

  예 風も**強いし**、雨も降っている**し**、今日は家でゆっくりしましょう。
     바람도 많이 불고, 비도 오고, 오늘은 집에서 푹 쉽시다.

② 같은 말을 거듭해서 말함

  예 彼女は**真面目だし**、優しいです。
     그녀는 성실하고 상냥합니다.

4. 》》 ～ず

> 宮沢賢治の『雨にも**負けず**』など、雨をテーマにした文学作品も非常に多いです。

~하지 않고

「동사ない형 어간+ず(に)」

① 원인/이유를 나타남 (~なくて)

  예 旅行に行った息子と連絡が**とれず**、非常に心配だ。
     여행을 간 아들과 연락이 되지 않아 걱정이 이만저만이 아니다.

② 문장의 앞뒤 관계에 따라 동작이 어떤 상황·상태로 행해지는지 '이어지는 상황'
  을 나타냄

> 예 鍵を持たず、家を出てしまった。
> 열쇠를 갖지 않고 집을 나와 버렸다.

③ '대신하여'(대체/교체)를 나타냄

> 예 ご飯も**食べず**、寝ている。
> 밥도 먹지 않고 잔다.

④ 동작을 병렬로 나타냄

> 예 水も**飲まず**、ご飯も食べない。
> 물도 밥도 안 먹는다.

* 雨にも**負けず**、風にも**負けず**、雪にも夏の暑さにも負けぬ。
  비에도 지지않고 바람에도 지지않고 눈에도 여름의 더위에도 지지않는다.

5. 》》 ～がち

雨の日は出かけるのが億劫に**なりがちですが**、雨上がりの雲の合間からきれいな青空を見ることができるかもしれませんよ。

~하는 경향·상태가 많다.

(나쁜 경향이 있는 것을 나타냄, 그 상태가 이전부터 몇 번이나 발생하고 있는 것을 암시)

「체언·동사 연용형＋がち」

> 예 子供には**有りがちな**行動。
> 어린이에게는 흔히 있음직한 행동.
>
> 40代がうっかりやりがち！秋の老け見えNGメイク
> 40대가 자칫 범하기 쉽고 늙어 보이는 NG 가을 메이크업

어휘

四季	しき	사계, 네 계절, 사철
うららか		화창한 모양, 명랑한 모양, 분명한 모양(=동의어 うらら·うらうら)
湿気	しっき、しっけ	습기
蒸し暑い	むしあつい	무덥다
朝晩	あさばん	아침저녁, 조석, 자나깨나, 노상
秋晴れ	あきばれ	가을의 쾌청한 날씨
木枯らし	こがらし	초겨울[늦가을]의 찬 바람
気候	きこう	기후
降水日数	こうすいにっすう	강수일수
傘	かさ	우산; 양산
～をさす	つまり	결국, 요컨대, 다시 말하면
ところで		그런데; 그것은 그렇다 하고, 화제를 전환할 때 사용
春雨	はるさめ	봄비, 녹두 가루로 만든 가늘고 투명한 국수
中旬	ちゅうじゅん	중순
除く	のぞく	제거하다, 없애다, 빼다, 제외하다, 죽이다
長雨	ながあめ	장마
梅雨	つゆ、ばいう	장마(일본에서 6-7월 상순에 걸쳐 내리는 비)
いきなり		갑자기, 돌연, 느닷없이
夕立	ゆうだち	(여름 오후에 내리는) 소나기
狐の嫁入り	きつねのよめいり	초롱불 행렬같이 줄지어 늘어선 도깨비불, 여우비
流行歌	りゅうこうか	유행가(=동의어 はやりうた)
童謡	どうよう	동요

鎌倉時代	かまくらじだい	1192년 미나모토노 요리토모가 막부를 가마쿠라에 연 후 1333년 호조 다카토키가 멸망할 때까지의 약 150년간
深い	ふかい	깊다
地域差	ちいきさ	지역
雨戸	あまど	(풍우를 막기 위한) 빈지문, 덧문
台風	たいふう	태풍(=동의어 タイフーン)
雨風	あめかぜ	비바람, 술과 단 과자를 모두 좋아하는 사람
防ぐ	ふせぐ	막다, 방어하다, 미리 저지하다, 방지하다
担う	になう	짊어지다, 메다, (책임 따위를)떠맡다, 지다
主食	しゅしょく	주식
米	こめ	쌀
稲	いね	벼
養分	ようぶん	양분, 자양분
もたらす		가져가다, 가져오다, 초래하다
代表	だいひょう	대표
億劫	おっくう	귀찮음, 마음이 내키지 않음
雨上がり	あめあがり	비가 막 갬, 또, 그친 뒤(=동의어 あまあがり)
合間	あいま	틈, 짬

103

한자 쓰기

湿気

曖昧模糊

気候

降水日数

中旬

梅雨

狐の嫁入り

童謡

地域差

雨戸

防ぐ

担う

稲

養分

億劫

雨上がり

合間

확인하기

Q1. 본문의 내용과 같은 것을 고르시오.

❶ 日本の一年間の降水日数は、世界で3位にランクインするほど雨の日が多い。

❷ 雨に関する表現の中で、晴れているのに雨が降ることを「狐の嫁入り」と言う。

❸ 雨戸とは、台風などで窓が割れた時に、窓の代わりとして使うものである。

❹ 梅雨時期に降る雨は、稲が成長していくためにはあまり役に立たない。

Q2. 다음 중 문법적으로 틀리게 사용된 문장을 고르시오.

❶ 私の妹は雨の日に傘をささずによく出かけている。

❷ 子供のころはよく友達とゲームもしたし、外で良くサッカーもしました。

❸ 妻はダイエットのために毎日ジムで運動しがちである。

❹ 夏の北海道は、とても涼しくて過ごしやすい。

日本の気候

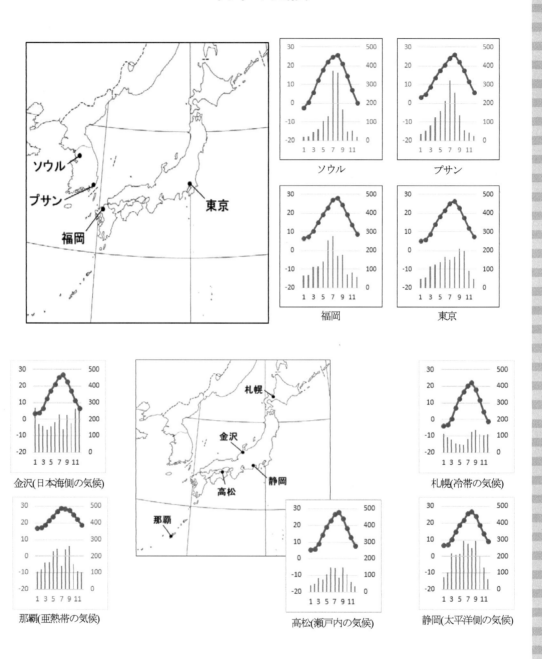

ソウル

プサン

福岡

東京

金沢(日本海側の気候)

札幌(冷帯の気候)

那覇(亜熱帯の気候)

高松(瀬戸内の気候)

静岡(太平洋側の気候)

第08課

日本の伝統芸能「神楽」「能楽」

• • • •

日本の伝統芸能「神楽」「能楽」

● ● ● ●

　日本を代表する伝統芸能には、「神楽」「能楽」「歌舞伎」などがある。歌舞伎は、世界でも最も有名な伝統芸能であるが、神楽や能楽についてはあまり知らないという人が多いのではないだろうか。今日は、この神楽と能楽についてご紹介しよう。

　まず神楽は、平安中期(10世紀後半から11世紀中期)に完成したと考えられている。また、神楽の語源は、「神座(かむくら・かみくら)」だと言われており、「神座」は、神が座ると書き、神が宿るところという意味がある。神楽のストーリーは、日本書紀や古事記などで描かれている神話に基づいて作られている。その中でも、アマテラスが天の岩戸にこもる話は最も有名で、日本ではよく知られている神話の１つである。ところで、神楽はいつ演じられるのだろうか。地域によって異なるが、毎年11月中旬から2月上旬にかけて行われており、豊作に感謝し来年の豊穣を祈願するために神楽を奉納してい

る。そして、ある地域では、神楽を見に行くと「ふるまい」という料理やお酒が出てくる。どうして料理やお酒が見ている人に振る舞われるのかというと、神様が人間たちと共に、食事をしたりお酒を飲んだりしながら、神楽を楽しむという考えから来ている。すなわち楽しい神楽の舞台を神々とともに楽しむのが魅力の一つと言えるのである。

　次に能楽は、室町時代に成立した伝統芸能である猿楽と狂言と合わせた総称のことである。もともと猿楽というのは、物まねなどこっけいな芸を中心に発達してきたのだが、室町時代に観阿弥や世阿弥らが登場して以来、現在の能楽と同じ芸能としての形が作られた。そもそも能は、舞踊と音楽と演劇が一体となった総合芸術であり、能面と呼ばれる面を付けて演じられている。一般的に能面には、小面(こおもて)と呼ばれる若い女性の面と角の生えた女の鬼を表す般若、そして翁と呼ばれる老人の面などがある。小面は、無表情である場合が多く見られ、般若はとても怖い表情をしている。その反面、翁はにっこりと笑っていることが多い。作品の内容によって様々な面が使われているが、どれを見ても人の表情をうまく表現しているため、見る側もすぐにわかりやすい。ところで、能は、楽器の演奏に合わせて舞を舞う場面や「謡」などは、ミュージカルと共通した部分が多くみられる。またストーリーは、古典作品を基にして作られた壮大かつ人間味のある内容や激しい戦い、迫力のある鬼が登場したりする。観客は、能が持つその面白さと深いドラマがあるからこそ魅了されるのである。

　このように、神楽は、神に奉納するという点で儀式的な要素が見られるが、能楽は見る側を楽しませるエンターテイメント的な要素がふんだんに盛り込まれている。それぞれがもつ様々な魅力や面白さや見どころを知ることで、その作品の世界に入り込むことができるだけでなく、より深く楽しむことができるのである。

```
표현 문형
```

1. ≫ ~について

神楽や能楽<u>について</u>はあまり知らないという人が多い。

~에 대해서, ~에 관해서

「명사＋について」

> 예 今日の授業では、先生が勉強方法<u>について</u>教えてくれました。
> 오늘 수업에서는 선생님이 공부 방법에 대해서 가르쳐 주셨습니다.
>
> 来週、私は自分の国の料理<u>について</u>発表します。
> 다음주에 저는 우리 나라의 요리에 대해서 발표합니다.

2. ≫ ~に基づいて

神楽のストーリーは、日本書紀や古事記などで描かれている神話<u>に基づいて</u>作られている。

~에 기초해서, ~을 근거로、~에 따라 (유사 표현 : 「~に即して」)

「명사＋に基づいて」

> 예 このドラマは事実<u>に基づいて</u>、作られたものです。
> 이 드라마는 사실에 근거해서 만들어진 것입니다.
>
> アンケート結果<u>に基づいて</u>、新商品の方向性を決めるつもりだ。
> 앙케이트 결과에 따라 신상품의 방향성을 결정할 예정이다.

3. 〉〉〉 ～とともに

神様が人間たち**と共に**、食事をしたりお酒を飲んだりしながら、神楽を楽しむ。

~와 함께, ~와 동시에(상관 관계)

「명사+とともに」「동사(사전형)+とともに」

> 예 春が近づく**とともに**、少しずつ暖かくなってきた。
> 봄이 가까워 짐과 동시에 조금씩 따뜻해지고 있다.
>
> インターネットの普及**とともに**、いつでもどこでも色々な情報が手にはいるようになった。
> 인터넷의 보급과 함께 언제 어디서든 다양한 정보를 얻을 수 있게 되었다.

4. 〉〉〉 ～のことである

能楽は、室町時代に成立した伝統芸能である猿楽と狂言と合わせた総称**のことである**。

~한 것이다, ~이다. 설명할 때 쓰는 표현

> 예 それは極めて当然**のことである**。
> 그것은 극히 당연한 일이다
>
> 偏見とは、分別に欠けた意見**のことである**。(ヴォルテール)
> 편견은 분별없는 견해다. (볼테르, 믿음 명언)

5. 〉〉〉 ～て以来

室町時代に観阿弥や世阿弥らが登場し**て以来**、現在の能楽と同じ芸能としての形が作られた。

~한 이래, ~한 후 계속

「명사＋以来」「동사て형＋以来」

※「～てから」와 비슷한 의미로, 한 번만 일어나는 일에는 사용되지 않음

가까운 과거에서부터 계속되고 있는 것에는 사용하지 않음

미래를 나타낼 수 없음

예 日本に来て以来、毎日家族にメールを送っている。
일본에 온 이래 매일 가족에게 메일을 보내고 있다.

大学に入学して以来、生活のために毎日バイトしている。
대학교에 입학하고 난 후, 생활을 위해 매일 아르바이트 하고 있다.

6. 》》 ～その反面

その反面、翁はにっこりと笑っていることが多い。

~한 반면, ~한 한편(유사 표현 : 「一方で」)

「동사 원형, ない형, い형용사, な형용사 연체형」

예 その反面、彼女は行かないかもしれない
그 반면, 그녀는 가지 않을지도 모른다.

その仕事は十分にお金になるが、その反面１日に１２時間働かなくては
ならない。
그 일은 충분히 돈이 되는 반면 1일에 12시간 일하지 않으면 안된다.

7. 》》 ～からこそ

観客は、能が持つその面白さと深いドラマがあるからこそ魅了されるのである。

~때문에~이므로

「동사＋からこそ、기본형」

예 彼がいた**からこそ**、私たちのチームは上手くいっていた。

그가 있었기 때문에 우리 팀은 잘되고 있었다.

あのときの辛い経験があった**からこそ**、今の私がいるんだと思う。

그때의 힘든 경험이 있었기 때문에 지금의 내가 있다고 생각한다.

▨ **어휘**

▍神楽	かぐら	신에게 제사지낼 때 연주하는 무악, '能'의 춤의 하나; 또, 그 반주 악기, '가부키'의 반주 악기(저·북 따위)
▍能楽	のうがく	일본의 대표적인 가면 음악극(=동의어 能)(→ようきょく)
▍宿る	やどる	머물다, 어떤 위치에 있다, 살다, 거처로 하다
▍日本書紀	にほんしょき	일본 최고(最古)의 칙찬(勅撰) 역사서(720년 성립; 문체는 한문)
▍古事記	こじき	현존하는 일본 최고(最古)의 역사서; 奈良 시대 초기에 편찬된 천황가의 신화(神話)(상·중·하 3권으로 이루어짐. 상권은 신들의 이야기, 중·하권은 초대(初代) 神武 천황부터 推古 천황에 이르는 천황의 계보와 구전된 신화·전설 등을 기록함)
▍アマテラス	あまてらす	(일본 신화의) 해의 여신(일본 황실의 조상이라 함) [天照大神·天照大御神]
▍天の岩戸	あまのいわと	(일본 신화에서) 천상에 있다는 암굴의 문
▍演ずる	えんずる	하다, 행하다, 진술하다
▍豊作	ほうさく	풍작
▍豊穣	ほうじょう	풍양. 오곡이 풍성하게 익음
▍祈願	きがん	기원(=동의어 祈念)
▍奉納	ほうのう	봉납; 신불(神佛)에게 헌상함
▍舞う	まう	떠돌다, 흩날리다, 춤추다
▍舞台	ぶたい	무대
▍猿楽	さるがく	가마쿠라 시대에 행해진 예능(익살스러운 동작과 곡예를 주로한 연극으로, 후에 가무·흉내내기 등을 연기하는 能·狂言의 근원이 됨)
▍狂言	きょうげん	能楽의 막간에 상연하는 희극, 가부키 연극의 줄거리, 농담, 이치에 맞지 않는 말
▍総称	そうしょう	총칭(=동의어 総名)

観阿弥	かんなみ	무로마치시대의 노의 대표자, 간나미와 제아미라는 부자 (사루가쿠 연기자)
世阿弥	ぜあみ	舞踊
ぶよう		무용(=동의어 まい・おどり)
能面	のうめん	能楽에 쓰는 탈, 표정이 없는 얼굴의 비유
角	つの	뿔, 뿔 모양과 같은 것, 여자의 질투
生える	はえる	나다
般若	はんにゃ	반야, 실상을 달관하기 위한 근본적인 지혜, 귀신처럼 무서운 얼굴을 한 여자
翁	おきな	영감, 노인의 높임말, 노인의 탈
無表情	むひょうじょう	무표정
側	がわ	옆, 곁, 둘러싸는 것, 주위, 쪽, 측
楽器	がっき	악기
演奏	えんそう	연주
壮大	そうだい	장대, 웅대, 웅장
激しい	はげしい	세차다, 격심하다, 잦다, 열렬하다
戦い	たたかい	싸움, 전쟁, 전투, 투기, 경기
迫力	はくりょく	박력
魅了	みりょう	매료, 마음을 사로잡음, 매혹함
儀式	ぎしき	의식
盛り込む	もりこむ	그릇에 음식을 담다, 여러 종류의 것을 함께 담다, 어떤 생각을 내용에 포함시키다

한자 쓰기

神樂

能樂

日本書紀

古事記

豊穣

祈願

奉納

猿楽

狂言

舞踊

般若

翁

演奏

魅了

激しい

戦い

확인하기

Q1. 본문의 내용과 같은 것을 고르시오.

① 神楽はアマテラスが豊作に感謝する様子を描いたものである。

② 「ふるまい」は、神様に振る舞われる料理のことである。

③ 能は、能面と呼ばれる面をつけて演じられる総合芸術である。

④ 能は古典作品を基にして作られているため、見る側が理解しにくいことが多い。

Q2. 다음 중 문법적으로 틀리게 사용된 문장을 고르시오.

① 彼がうちのチームにいた以来、強いチームになったと言える。

② 観阿弥は世阿弥とともに能を芸能としての形にした人物である。

③ 日本の会社は、最初は給料が安いがその反面、すぐに給料が高くなるのが特徴である。

④ このかぜ薬は、長年の研究に基づいて作られたそうだ。

伝統芸能「狂言」

能と同じように、猿楽から発展した伝統芸能で、こっけいな内容が多く含まれた笑劇(しょうげき)である。

狂言は、能と一緒に上演されることが多く、能、狂言、能、狂言と交互に上演される。

狂言は、物まねや道化のような演技が多く、内容は風刺や失敗談など人間味にあふれたものが多い。

代表的な作品

『附子(ぶす)』

主人が出かけるときに、太郎冠者と次郎冠者に留守番を言いつける。主人が二人に、桶には附子という猛毒が入っているから気をつけるように言い出かけた。気になった二人が桶を開けると、中身は砂糖だった。二人は桶を取り合ってそれを全部食べてしまった。主人に言い訳をするために二人がとった行動とは…

続きはサイバー韓国外国語大学校YouTubeにて

https://youtu.be/FFqcfFgZOoc

第09課

座敷、庭そして詫び・寂び

• • • •

학습목표

○ 일본 가옥에 관한 이해

○ 관련 어휘 및 표현 문형 익히기

○ 일본의 가옥에 관한 내용을 통해 독해력 향상

座敷、庭そして詫び・寂び

・・・・

　家は、その国の風土や気候そして文化に合わせた技術や手工が見られる。当然、日本家屋にもそれを見ることができる。日本家屋の間取りは、部屋同士がふすまで仕切られており、必要に応じてふすまを開けたり外したりすることで、自由に変えることができる。またどの部屋も外に面しており、外からの明かりが入りやすく、しかも風通しが非常にいいのが特徴である。これは、多湿な日本の気候風土の影響から来ている。

　そして日本特有の「美意識」を表す言葉である「詫び・寂び」もまた、日本家屋の特徴の一つであると言える。特に日本の家の庭は、その「詫び・寂び」を具現化したものであり、京都の古い住宅で見ることができる坪庭などはその代表例である。坪庭とは、住宅の奥の方のごく狭い場所に、建物で仕切られるように設けられた中庭のことである。そこから光を取り入れたり風通しを良くしたりする役割を担っている。玄関から坪庭へ抜けていく風は非常に涼しく、初夏の暑さならば十分にしのぐことができる。

　ところで「座敷」という言葉を聞いたことがあるだろうか。現代では、洋室との区別から和室と言うことが多いが、本来は「畳を敷いた部屋」という意味であった。この座敷は、鎌倉時代では武士が客を迎え入れて宴会などを開く部屋を指していた。室町時代に入り、座敷を中心とする住宅が普及し、現代の座敷の基本が完成し始めた。京都にある慈照寺に残っている東求堂には、今の日本の家につながる様々な要素が残っている。その中でも同仁斎と呼ばれる四畳半の書斎は「書院造」と呼ばれ、現在の和室と非常に酷似している。書院造には、床には畳が敷き詰められ、床よりも一段高い床の間、そしてその横には天袋と呼ばれる袋戸棚と違い棚が設置されており、座敷の様式を見ることができる。

　現在の日本で見られる家では、生活習慣が大きく変化したため、家の中にソファを置いたりカーペットを敷いたりする家が増えてきた。その中には、フローリングの部屋の一部に畳を敷くなど、和と洋をうまく組み込んだ部屋もよく見られるようになった。そのため、純和風の家でない限り家中に畳を敷いた家を見ることが少なくなったが、依然として和室を一部屋設ける家も少なくはない。その中でも床の間のある座敷は、家の中で一番いい和室として使われることが多く、客をもてなしたり、宿泊させる部屋として使われたりしている。時代の変化によって生活習慣が変わったとしても、坪庭を作り、和室を一部屋設けるなど、日本の家の様式は継承され続けているのである。

표현 문형

1. ～に応じて

必要に応じてふすまを開けたり外したりすることで、自由に変えることができる。

…에 응해; …에 따라; ~에 맞춰서

앞의 일이 바뀌면, 거기에 맞춰서 나중의 일들도 바뀐다.

「명사+~に応じて」

> 예 住民の要求に応じて、説明会を開くことになった。
> 주민의 요구에 응해서 설명회를 열기로 되었다.
>
> 日本語のレベルに応じて、クラスを分けます。
> 일본어 수준에 따라 반을 나눕니다.

2. ～ならば

風は非常に涼しく、初夏の暑さならば十分にしのぐことができる。

「형용동사'だ'가정형 + ならば : ~하다면」

「단정(断定)의 조동사'だ'의 가정형 + ならば」: ~라면

> 예 図書館が静かならばもっと勉強に集中できたんだけどね。
> 도서관이 조용하면 더 공부에 집중할 수 있었는데 말야.
>
> 辞書ならば書斎にある。
> 사전이라면 서재에 있다.

3. ≫ ～し始める

座敷を中心とする住宅が普及し、現代の座敷の基本が完成し始めた。

일이나 어떠한 행위를 하기 시작하다.

예 演奏し始める。
연주를 시작하다.

突然大泣きし始める。
갑자기 큰 소리로 울기 시작하다

4. ≫ ～ため(に)

生活習慣が大きく変化したため、家の中にソファを置いたりする家が増えてきた。

위함, 때문; 이유

뒤에 오는 문장에는 판단, 명령, 의뢰, 의지 등의 표현을 사용할 수 없다.

「동사＋ため(に)」

「な＋ため(に)」

「명사＋の＋ため(に)」

「この / その＋ため(に)」

예 かぜのため会社を休む。
감기로 (인해) 회사를 쉬다.

列車が遅れたため、乗換予定の列車に接続できませんでした。
열차가 늦게 와서 환승 예정의 열차에 접속할 수 없었습니다.

5. 》》 **～限り**

純和風の家でない<u>限り</u>家中に畳を敷いた家を見ることが少なくなったが、

① 한계 : ~의 한계까지 / 할 수 있을 때 까지

「동사(사전형)＋限り」

「명사＋の＋限り」

예 できる<u>限り</u>のことはしたので、たとえ失敗したとしても後悔はない。
할 수 있는 한은 했으므로, 설령 실패하더라도 후회는 없다.

② 조건 범위 : ~하는 동안은 쭉 / ~의 상태가 계속되는 동안은 쭉

예 体が動く<u>限り</u>は80歳になっても、90歳になっても何かビジネスをしたいと考えています。
몸이 움직이는 한 80살이 되어도 90살이 되어도 사업을 하고 싶습니다.

6. 》》 **～としても**

生活習慣が変わった<u>としても</u>、坪庭を作り、和室を一部屋設けるなど、

「활용어의 종지형＋としても」: …(라)고 하더라도.＋

예 知っている<u>としても</u>、話せません。
알고 있더라도 말할 수 없습니다.

もし再会できた<u>としても</u>、彼はもうほかの人と結婚してるかもしれない。
만일 재회했더라도 그는 이미 다른 사람과 결혼했을지도 모른다.

어휘

風土	ふうど	풍토
技術	ぎじゅつ	기술
手工	しゅこう	수공, 손으로 하는 공예·공작, 초등학교에서의 '工作'의 구칭
家屋	かおく	가옥
間取り	まどり	방의 배치
仕切る	しきる	칸을 막다; 칸막이하다, 셈을 끊다; 결산하다, 맞붙을 태세를 취하다
風通し	かぜとおし	통풍; 환풍, 의사 소통이나 개방성
美意識	びいしき	미의식
侘び	わび	(다도(茶道) 俳句의 극치로서의)간소하고도 차분한 아취
具現	ぐげん	구현
坪庭	つぼにわ	안뜰
奥	おく	깊숙한 곳, 안; 속, 안채; 안방
設ける	もうける	마련하다; 베풀다, 만들다, 설치하다
初夏	しょか	초하; 초여름(=동의어 はつなつ)
凌ぐ	しのぐ	참고 견디어 내다, 헤어나다, 누르다
座敷	ざしき	다다미방; 특히, 객실, 잔치 좌석, 접객 또는 연회의 시간; 또, 그 접대
洋室	ようしつ	양실; 서양식방(=동의어 洋間)(↔반의어 和室)
和室	わしつ	일본식 방; 다다미방(=동의어 日本間)(↔반의어 洋室)
畳	たたみ	다다미; 속에 짚을 넣은 돗자리, 왜나막신·짚신 따위의 겉에 붙이는 얇은 깔개, 자리·멍석 등 깔개의 총칭
一じょう		'畳'의 수를 세는 말 : …장
敷く	しく	깔다
武士	ぶし	무사(=동의어 さむらい·もののふ·武者)
迎え入れ	むかえいれ	영입; 맞아들임

▌宴会	えんかい	연회(=동의어 うたげ・さかもり)
▌普及	ふきゅう	보급
▌慈照寺	じしょうじ	일본 교토부 교토시 사쿄구에 위치한 절
▌東求堂	とうぐどう	일본 교토부 교토시 사쿄구에 위치한 지쇼지에 있는 持仏堂(수호불을 모시는 사당)
▌同仁斎	どうじんさい	교토시 사쿄구 긴카쿠지쵸 지쇼지에 있는 히가시큐도(東久堂)의 한 칸에서 불간 동북쪽에 있는 북향 서원
▌書斎	しょさい	서재
▌書院造(り)	しょいんづくり	室町 시대에 발생하여 桃山 시대에 발달한 주택 건축 양식(선종(禅宗)의 서원 건축 양식이 公家나 무가(武家)의 집에 채택되어서 생긴 것으로 현관・床の間・선반・장지문・맹장지가 있는 집 구조; 현재 일본 건축의 주택은 거의 이 양식을 따름)
▌酷似	こくじ	혹사; 매우 닮음
▌床	とこ	잠자리, 마루
▌敷き詰める	しきつめる	전면에 깔다
▌天袋	てんぶくろ	반침 위나 違い棚 위에 드리는 작은 벽장(↔반의어 地袋)
▌袋戸棚	ふくろとだな	床の間의 옆 위쪽에 만든, 벽장 같은 선반, 다도에서 쓰는 찻장의 하나
▌棚	たな	선반, 선반 모양의 것
▌違い棚	ちがいだな	두 개의 판자를 아래 위로 어긋나게 매어 단 선반(床の間에 흔히 설치함)
▌様式	ようしき	양식; 공통의 방식; 격식; (예술 작품 따위의) 표현 형태; 스타일; 장르
▌習慣	しゅうかん	습관; 관습(=동의어 しきたり・ならわし)
▌純	じゅん	순수; 순진, 순...; 순수한
▌継承	けいしょう	계승

한자 쓰기

風土

技術

家屋

間取り

風通し

侘び

寂びる

坪庭

設ける

凌ぐ

座敷

畳

敷い

宴会

書斎

書院造

酷似

床

敷く

棚

習慣

Q1. 본문의 내용과 같은 것을 고르시오.

❶ 日本の部屋の間取りは、ふすまで仕切られているので、自由に変えることができない。

❷ 坪庭は、家の前に作られた小さな庭のことで、家に光が入るのを防いでいる。

❸ 座敷とは、床に畳が敷かれていない部屋で、現在の和室とは違うものである。

❹ 床の間のある和室は、お客さんをもてなしたり、宿泊させる部屋として使われたりしている。

Q2. 다음 중 문법적으로 틀리게 사용된 문장을 고르시오.

❶ インターネットが普及し始めたことで、私たちの生活が大きく変わった。

❷ この純和風の家に応じて、風通しがいいから夏でも涼しく過ごせるだろう。

❸ 規則正しい生活をしない限り、病気は良くならないと思いますよ。

❹ 彼が課長から部長になったとしても、仕事のスタイルは変わらないでしょう。

東山文化と侘び・寂び

鹿苑寺金閣
(3代将軍　足利義満により建立)

慈照寺銀閣
(8代将軍　足利義政により建立)

第一学習社　高校日本史図表より引用

第10課

日本人と元号

• • • •

학습목표

○ 일본 연호 이해
○ 관련 어휘 및 표현 문형 익히기
○ 일본의 연호에 관한 내용을 통해 독해력 향상

日本人と元号

●　●　●　●

　2019年5月1日に、約30年続いた「平成」が終わり「令和」が始まった。日本人にとって「平成」は、バブルの崩壊や忘れられた20年、格差社会、大震災などの自然災害と暗い出来事が多かった時代であった。その反面、平成の意味である「平和を成す」という面では、平和な時代でもあった。新しい元号である「令和」が始まり、日本国内に新年を迎える以上の新しい時代の訪れに対する期待の雰囲気がある。特に令和になった2019年5月は、お祭り騒ぎで日本中のあちこちで「令和」の文字を見ない場所はないほどだった。長い日本の元号の歴史の中でも、ここまで歓迎された元号はないのではないだろうか。それだけ「平成」が暗鬱な時代だったと言える。

　今回の元号「令和」は、日本で最初の元号「大化」から数えて248番目の元号である。もともとは中国から取り入れた制度ではあるが、現在世界で元号を使っている国は、日本ぐらいであると言われている。西暦というグローバル

スタンダードがあるにも関わらず、元号を使っている日本社会であるが、元号はどうして定着したのだろうか。元号研究の第一人者である所功(ところいさお)によると、「日本人の識字率の高さが、元号制度の定着に大きく寄与した」と指摘している。その根拠として「奈良時代や平安時代には、庶民の中にも荷札に住所を書いたり、朝廷からの告知板である高札を読んだりできる人たちがいた」そうだ。また、「元号が表意文字である漢字を使う文化だからこそ、日常生活に溶け込んでいった」と述べている(『「元号」が21世紀まで続く3つの理由』日経Biz Gatcより)。そして、元号がすでに日本の歴史や文化そして時代呼称などにおいて便利であるという主張もある。

　今回、元号が決められるにあたり、様々な予想がインターネット上またはメディアで話題になった。「安久」「平和」など様々な元号が予想されていた。予想されていた元号には、平和で安心して暮らせる時代にという多くの人たちの思いが、強く含まれていると感じられるものが多くみられた。新しい元号である「令和」は、万葉集にある一文から選ばれた。従来、元号は中国の古典から選ばれていたが、今回は初めて日本の古典である万葉集から引用された。「令和」は、「春の訪れを告げ、見事に咲き誇る梅の花のように、一人ひとりが明日への希望とともに、それぞれの花を大きく咲かせることができる、そうした日本でありたい(日経新聞より)」という願いを込めて選ばれたそうだ。

　もともと元号には、縁起のいい文字が使われることが多く、天皇一人に対

して一つの元号をつける「一世一元」である。しかし、戦乱や異常気象など社会や政治不安などが起きた場合には、元号を変えることもしばしばあった。しかし、「縁起のいい亀が朝廷に献上された」という理由から元号を変えたことがあった。このように、元号はその長い歴史の中で、日本社会に定着し長い間愛され続けてきている。識者が集まり、真剣に議論して元号を決めている反面、「亀」によって元号が定められるなど、身近に感じられるようなエピソードがあるのも、元号が長い間愛され続けてきた理由ではないだろうか。これからも、日本人と年号は新しい時代を共に歩んで行くのだろう。

표현 문형

1. 》》 **〜に対して**

新しい時代の訪れ**に対する**期待の雰囲気がある。

〜에 대해서, 〜에게 (직접적인 동작이나 감정이 미치는 대상과 같이 쓰인다.)

「명사+に対して」

예 質問**に対して**答える。
질문에 대하여 대답하다.

仕事**に対して**哲学をもつ。
일에 대해서 철학을 갖다.

2. 》》 **〜にも関わらず**

西暦というグローバルスタンダードがある**にも関わらず**、元号を使っている。

〜임에도 불구하고 (=〜のに)

(예상과 다른 것에 대한, 화자의 놀라움·불만·비난 등의 기분을 나타낸다.)

「普通形+にも関わらず」

예 イベントは雨**にも関わらず**、多くの人が集まった。
행사는 비가 옴에도 불구하고 많은 사람이 모였다.

彼は外国人である**にも関わらず**、僕よりも日本に詳しい。
그는 외국인임에도 불구하고 나보다 일본을 더 잘 안다.

3. 　≫≫　〜において

元号が時代呼称など**において**便利であるという主張もある。

~에서, ~에 대해서; ~에 관해서 (「〜で」와 비슷한 의미)

동작, 작용이 일어나는 때나 장소에 사용됨

(주로 격식을 차린 문어체로 사용됨)

「N＋において」

> 例 学問**において**、彼にかなう者はない。
> 학문에 관해 그를 대적할 사람은 없다.
>
> **大体において**意見が一致した。
> 대체로 의견이 일치했다.

4. 　≫≫　〜にあたり

元号が決められる**にあたり**、様々な予想がインターネット上で話題になった。

~에 맞춰/~즈음 해서 (신학기, 입학, 졸업, 취직, 결혼, 발표, 시험 등 특별한 장면이나 중요한 장면에서 사용한다.)

「동사(辞書形)＋にあたり」

「명사＋にあたり」

> 例 卒業**にあたり**、皆さんに贈りたい言葉があります。
> 졸업을 앞두고 여러분께 드리고 싶은 말이 있습니다.
>
> 実社会への門出**にあたり**
> 실사회로의 새출발에 맞춰 가일층의 활약을 기원드린다.

5. ≫ ~し続ける

元号は、日本社会に定着し長い間<u>**愛され続けて**</u>きている。

계속~ 하다.

「ます형+続ける」

예 しくしくと<u>泣き続ける</u>。
홀쩍홀쩍 계속 울다.

<u>夜昼**遊び続ける**</u>。
밤낮으로 계속 놀아 대다.

어휘

令和	れいわ	일본 연호(年號)의 하나; 平成의 다음(2019년 5월 1일 개원(改元))
崩壊	ほうかい	붕괴, 무너짐; 허물어짐, 원자핵 붕괴
格差社会	かくさしゃかい	격차 사회; (특히 소득·자산 면에서 중산층이 붕괴되고) 부유층과 빈곤층으로 양극화된 사회
震災	しんさい	진재; 지진에 의한 재해(災害)
自然災害	しぜんさいがい	자연 재해
成す	なす	이루다, 이룩하다; 만들다, …을 하시게 하다
元号	げんごう	원호; 연호(年號) (=동의어 年号)
訪れ	おとずれ	방문, 소식; 편지
お祭騒ぎ	おまつりさわぎ	축제 때의 법석, 몹시 시끌 법석댐; 야단법석
歓迎	かんげい	환영(↔반의어 歓送)
暗鬱	あんうつ	암울; 우울
西暦	せいれき	서력; 서기(=동의어 西紀)
グローバルスタンダード		세계기준. 국제표준 특히, 기업 활동이나 금융 시스템의 기준을 가리킴
識字率	しきじりつ	문맹률
寄与	きよ	기여; 이바지함; 공헌
荷札	にふだ	꼬리표
朝廷	ちょうてい	조정
告知板	こくちばん	고지판
高札	こうさつ	옛날에 명령 등의 방문을 네거리에 써 붙인 게시판(=동의어 たかふだ·制札); 입찰한 중에서 가격이 가장 높은 것
表意文字	ひょういもじ	표의 문자; 뜻글자

▮ 溶け込む	溶け込む	녹아서 완전히 섞이다; 용해하다, 융화하다; 동화하다
▮ 呼称	こしょう	호칭
▮ 暮らす	くらす	하루를 보내다, 살다; 세월을 보내다, 살아가다; 지내다
▮ 万葉集	まんようしゅう	일본에서 가장 오래 된 시가(詩歌)집(20권; 奈良 시대 말엽에 이루어짐)
▮ 告げ	つげ	고하는 것; 알리는 것; 특히, 신불의 계시; 알림(=동의어 知らせ)
▮ 見事	みごと	훌륭함; 멋짐, 완전함
▮ 誇る	ほこる	자랑하다; 뽐내다; 자랑으로 여기다; 명예로 삼다
▮ 縁起	えんぎ	기원; 유래, 길흉의 조짐; 재수
▮ 天皇	てんのう	천황(일본 국왕)
▮ 一世一元	いっせいいちげん	일세 일원(임금 일대에 연호를 하나만 쓰는 일)
▮ 戦乱	せんらん	전란
▮ 異常	いじょう	이상(↔반의어 正常)
▮ 気象	きしょう	기상, 대기의 상태·현상, 심적 경향; → きしょう
▮ 亀	かめ	거북, 술꾼의 속칭
▮ 献上	けんじょう	헌상
▮ 真剣	しんけん	진검; 진짜 칼, 진심; 진지
▮ 議論	ぎろん	의론, 논의

한자 쓰기

令和

格差社会

震災

自然災害

暗鬱

西暦

荷札

告知板

高札

呼称

見事

縁起

気象

一世一元

天皇

真剣

확인하기

Q1. 본문의 내용과 같은 것을 고르시오.

❶ 新しい元号である「令和」は、日本中で全く歓迎されなかった。

❷ 奈良時代や平安時代には、文字を読み書きできる人たちが全くいなかった。

❸ 「令和」は、今回初めて日本の古典である万葉集から引用された。

❹ 社会や政治不安などが起きた時には、元号を変えることはなった。

Q2. 다음 중 문법적으로 틀리게 사용된 문장을 고르시오.

❶ 祖父は腰が痛いにも関わらず、毎日庭の掃除をしている。

❷ この会社の商品は、30年もの間世界中で高く評価され続けている。

❸ この映画に対する監督の情熱は、スタッフ全員に十分に伝わっている。

❹ 漢字に詳しいことにあたり、彼女以上の人はいないと思う。

쉬어가기

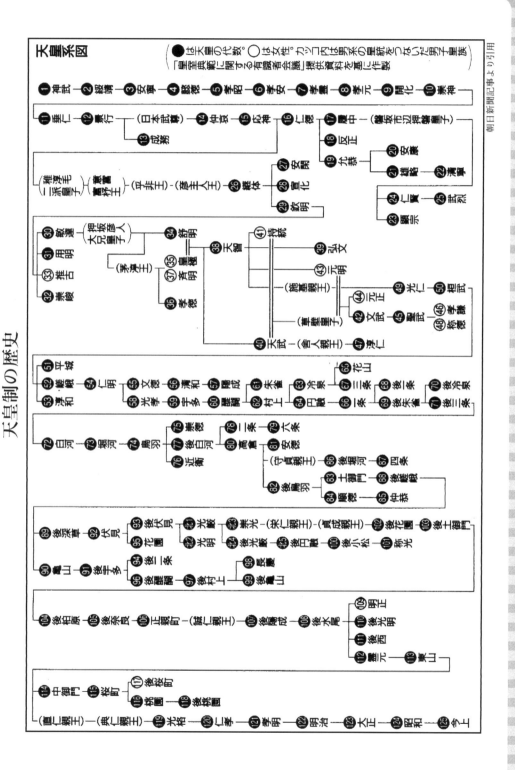

153

第11課

三十一文字の日本語

• • • •

학습목표

○ 일본의 전통 시가에 대한 이해

○ 관련 어휘 및 표현 문형 익히기

○ 일본의 전통 시가에 관한 내용을 통해 독해력 향상

三十一文字の日本語

● ● ● ●

　日本の風土の中で生まれ育った日本語と日本人が、長い年月愛し続けてきた短い詩型があります。五音・七音を基本にしたリズムの定型を持つもので、特に五・七・五・七・五の三十一拍から成る短歌、五・七・五の十七拍から成る俳句は現在も多くの人に親しまれています。

　誰にも母語と呼ぶ特別な言語があり、その言語に固有の詩があることでしょう。母語というのは、人にとってかけがえのないものです。人はその言語体系の中で思索することを覚え、感性を磨くのですから。そしてそれぞれの言語が、その固有の力を最も発揮するのは詩であることに疑いはありません。それぞれの言語の詩がそうであるように、日本語の詩歌には、日本語の固有の力が存分に発揮されています。

　確かに詩には音楽的側面があります。リズムや音の響き。それを楽しんでもらうことはあるいは比較的やさしいかもしれません。でも、問題はそれが

言語であることです。その言語が培われた土壌における長い文化的経験の蓄積が、言葉の一つ一つにこもっている。生活習慣や言語自体によって受け継がれてきた感受性の伝統というものもある。

　たとえば、日本語の詩にはおびただしい桜の作品があり、桜の花への日本人の愛着を物語っていますが、逆にその詩歌の伝統が、桜に対する日本人の愛着を育てていったとも言えるのです。もともとは、農耕に必要な暦としての役割を担っていたからこそ、桜の開花や落花が日本の人々の重要な関心事であったのだと言われています。

　詩の定型にも、かつて実用的側面がありました。定型にして唱えると、記憶に残りやすく伝えやすいのです。それがやがて芸術的な興味に発展していって、後の時代の人たちの桜を見る感性に決定的な影響を与え、桜の開花を喜び落花を嘆くおびただしい作品が、現在にいたるまで作り続けられているのです。

　「桜」と聞くだけで、胸の騒ぐようなこの伝統的な感受性を、異なる文化に育った人たちに、伝えることはできるでしょうか。

　それから、最初にあげた「音楽的側面」ですが、リズムはともかく、音の価値については、それが必ずしも音楽のように一言語を超えるものではないことも、わたしたちは身にしみて知っています。たとえば、日本語では濁音(ガ行・ザ行・ダ行・バ行)は清音(カ行・サ行・タ行・ハ行)に比べてマイナスのイメージを濃く持っています。

　「とんとん・どんどん」「しとしと・じとじと」「からから・がらがら」など、特に擬声語には清音・濁音のペアがたくさんありますが、いずれも、清音の方が小さく軽く、どちらかといえば好ましいイメージであるのに対し、濁音はその逆で、大きく重く、どちらかといえば、迷惑なイメージを喚起します。日本人の特に女性の名前に濁音が使われることが少ないのも、こういう音の感じ方によるものですが、これは日本語の文化の外で通用する感覚ではありません。古来の日本語には濁音はあまり使われなかったのです。濁音には固有の仮名さえなく、清音に濁音をつけて示されます。濁音は今でも漢語にこそ多く現れますが、濁音で始まる和語というのは、擬音語・擬声語以外にはみつけることは難しいのです。(『現代短歌から古代歌謡へ』河路由佳外)

표현 문형

1. 》》 ~のだ(のです)

人はその言語体系の中で思索することを覚え、感性を磨く**のです**から。

…(인) 것이다(원인・이유・근거 등의 설명을 강하게 말함).

「동사(普通形)+のだ」「な형용사 어간+な+のだ」「명사+な+のだ」

예 それでいい**のだ**。
그것으로 된 것이다.

君のためにする**のだ**。
너를 위해서 하는 거다.

2. 》》 ~における

培われた土壌**における**長い文化的経験の蓄積が、言葉の一つ一つにこもっている。

동작・작용이 행해지는 곳・때를 나타냄; …(에서)의; …의 경우의.

어떤 특정한 사건이 일어나는 장소・장면・상황・분야・방면에 관해서 사용된다.

「N+における+N」

예 車内**における**携帯電話のご利用はご遠慮ください。
차 안에서의 휴대폰 사용은 자제해 주세요.

文**における**語の働き
글에 있어서 낱말의 기능

3. 〜としての

農耕に必要な暦としての役割を担っていた。

…로서의, …인 입장의

「명사+として+の」

※ として

…의 자격으로서; …로서,

「명사+として」

> 예 担当者としての責任を果たす。
>
> 담당자로서의 책임을 다하다
>
> 公人として発言する。
>
> 공인으로서 발언하다.

4. 〜といえば

濁音はその逆で、どちらかといえば、迷惑なイメージを喚起します。

~라고 하면, ~이라면, ~에 대해 이야기 하자면

(화제의 제공이나 이야기 전환 시에 많이 사용된다.)

「N＋といえば」

> 예 日本の春といえば、桜だろう。
>
> 일본의 봄이라고 하면 벚꽃이겠지.
>
> 最近の子供たちがなりたい職業といえば、YouTuberだろうか。
>
> 요즘 아이들이 되고 싶은 직업이라고 하면 유투버 일까?

5. 》》 ~ものだ

> 日本人の特に女性の名前に濁音が使われることが少ないのも、こういう音の感じ方によるものです。

① 본성/충고/의무

당연히 ~ 한다/해야 한다. (사회적 상식으로 그래야 한다고 생각되는 것을 나타낸다.)

「동사(-る)+ものだ」「동사(-ない)+ものだ」

「イ형용사(-い)+ものだ」「イ형용사(-くない)+ものだ」

「ナ형용사(-な)+ものだ」「ナ형용사(-では(じゃ)ない)+ものだ」

예 誰でも、残業はいやなものです。
누구나 잔업은 싫어합니다.

人は誰でも失敗するものです。
사람은 누구나 실패하는 법입니다.

お金は大切にするものだ。
돈은 소중히 여겨야 한다.

上司には敬語を使うものだ。
상사에게는 존댓말을 쓰는 법이다.

② 감탄

예 月日が経つのは早いものだ。もう、あっという間に 1 年がたってしまった。
세월이 가는 것은 빠르다. 벌써 눈 깜짝할 사이에 1년이 지나가 버렸다.

③ 회상/그리움

예 京都に住んでいたころは、よく近くの古本屋に売りに行ったものだ。
교토에 살던 시절에는 자주 근처의 고서점에 팔러 가곤 했다.

어휘

▎ 地球人	ちきゅうじん	지구인	
▎ 短歌	たんか	단가; 和歌의 한 형식(5, 7, 5, 7, 7의 5구 31음을 기준 삼음)	
▎ 俳句	はいく	일본의 5·7·5의 3구(句) 17음(音)으로 되는 단형(短型)시(본디 連句의 첫 구절이 독립한 것)	
▎ 母語	ぼご	모어, 모국어, 같은 계통에 속하는 언어의 시조가 되는 언어	
▎ 固有	こゆう	고유; 특유	
▎ 思索	しさく	사색	
▎ 磨く	みがく	닦다, 윤을 내다, 손질하여 아름답게 하다; 깨끗이 하다	
▎ 発揮する	はっきする	발휘하다	
▎ 疑い	うたがい	의심, 혐의	
▎ 存分	ぞんぶん	뜻대로; 생각대로; 마음껏; 흡족하게	
▎ 響き	ひびき	울림; 그 소리, 반향, 반응; 영향	
▎ 土壌	どじょう	토양; 흙, 사물이 발생·발전하는 기반	
▎ 蓄積	ちくせき	축적	
▎ 受け継ぐ	うけつぐ	계승하다; 이어 받다	
▎ 感受性	かんじゅせい	감수성	
▎ 伝統	でんとう	전통	
▎ 愛着	あいちゃく	애착	
▎ 物語	ものがたり	이야기; 또, 그 내용, 전설, 산문의 문학 작품; →しょうせつ	
▎ 農耕	のうこう	농경; 논밭을 갈아 농작물을 가꾸는 일	
▎ 開花	かいか	개화, 꽃이 핌, 성과로서 나타남; 결실함	
▎ 落花	らっか	낙화	
▎ 関心事	かんしんじ	관심사	

定型	ていけい	정형; 일정한 형
記憶	きおく	기억(=동의어 もの覚え)
嘆く	なげく	한탄하다; 슬퍼하다, 분개하다; 개탄하다, 한숨짓다; 탄식하다
おびただしい		엄청나다, 매우 많다, 심하다
胸	むね	가슴, 유방, 마음; 심금
騒ぐ	さわぐ	떠들다; 시끄러워지다, 당황해서 침착성을 잃다; 허둥대다, 사람들의 세평에 오르다
身にしみる	みにしみる	몸에 스미다; 마음을 찌르다; 사무치다((a) 절실히 ...하다; (b) 뼈저리게 느끼다)
濃い	こい	짙다; 진하다, 사이가 좋다; 정답다
擬声語	ぎせいご	[언어학] 의성어(→ ぎたいご)
迷惑	めいわく	귀찮음; 성가심; 괴로움; 폐
喚起	かんき	환기
通用	つうよう	통용, 세상에서 널리 인정되어 통함, 일반에게 널리 쓰임
感覚	かんかく	감각(→ ちかく(知覚)・ごかん(五感))
古来	こらい	고래; 예로부터
和語	わご	일본어(=동의어 日本語・やまとことば)(↔반의어 外国語) 일본고유의 말(↔반의어 漢語・洋語)
擬音語	ぎおんご	의음어; 의성어

한자 쓰기

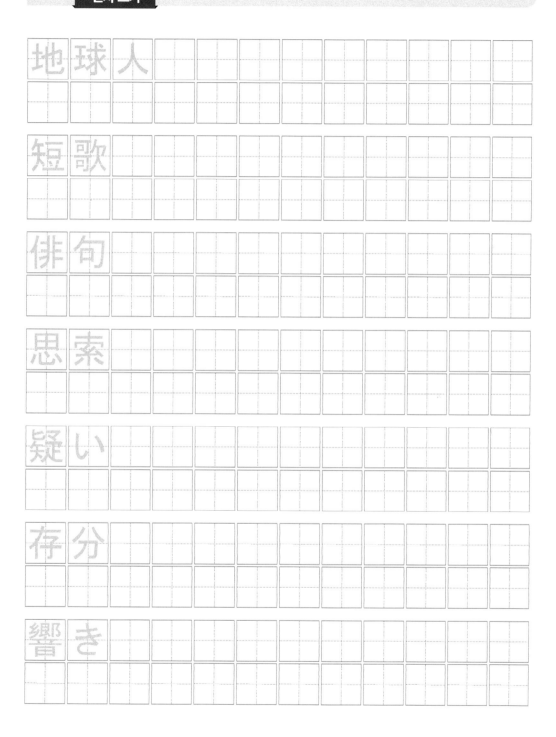

地球人

短歌

俳句

思索

疑い

存分

響き

愛着

物語

関心事

記憶

嘆く

騒ぐ

濃い

迷惑

感覚

Q1. 본문의 내용과 같은 것을 고르시오.

❶ 言語が固有の力を最も発揮するのは詩であるが、日本の詩歌にもそれが発揮されている。

❷ 詩を定型にして唱えると、記憶に残りにくく相手に伝わりにくい。

❸ 擬声語には清音と濁音のペアがあるが、清音の方が濁音よりも大きく重く迷惑なイメージがある。

❹ 濁音は和語にこそ多く見られ、漢語では擬音語や擬声語以外で見つけるのは難しい。

Q2. 밑다음 중 문법적으로 틀리게 사용된 문장을 고르시오.

❶ 外国人が多く働く会社におけるトラブルについて調査を行う。

❷ 桜としての日本人が最も愛着を持っている花の一つである。

❸ せっかく日本で働くのですから、多くの日本人と付き合ってみてくださいね。

❹ 昨日の事故の原因は、運転手の不注意によるものだということがわかった。

俳句の神様　松尾芭蕉

江戸時代前期(17世紀)に活躍した俳人で、
日本最高の俳諧師(はいかいし)の一人。
「俳聖」として世界的に有名な人物。
代表作『奥の細道』
弟子の河合曾良(かわいそら)と一緒に
江戸から東北地方と北陸地方を旅をし、
その間に多くの俳句を詠んだ。

出典:Wikipediaより

有名な俳句

古池や　蛙(かはづ)飛び込む　水の音
春の静けさの中、時折古池にかえるが飛び込む
音が聞こえる。その音がいっときの余韻を残
し、再びもとの静寂さを取り戻す。

(出典:学研全訳古語辞典より)

有名な俳句

秋深き　隣は何を　する人ぞ
旅の宿りのうちに秋はいよいよ深まってゆく。ひっそりとした隣家は一体どんな
生活をしている人なのだろうか。(出典:学研全訳古語辞典より)

松尾芭蕉は忍者だった？

松尾芭蕉の出身地である三重県伊賀市は、忍者の里として有名。奥の細道は、東
北を支配していた仙台藩の動きを調べるために、幕府から密偵として派遣されて
行ったのではないかという説がある。また、一緒に同行した河合曾良の日記に
も、仙台藩の様々な施設を細かく見物していた記録が残っている。

奥の細道の本当の意図は？

第12課

日本人にとっての信仰

• • • •

학습목표

○ 일본 신앙 이해

○ 관련 어휘 및 표현 문형 익히기

○ 일본의 신앙에 관한 내용을 통해 독해력 향상

日本人にとっての信仰

• • • •

　日本人に「宗教は何ですか」と聞くと、無宗教だと返事が返ってくることが多い。もともと宗教に対して厳格ではないと言われることが多い。その根拠として、生まれた時には神社に「お宮参り」に行くし、結婚式はチャペルなどで、キリスト教式で行う。そして死んだら仏教で弔い、お正月には神社に行ってその年一年の無病息災を祈る。また、お盆には仏壇に手を合わせ、12月にはクリスマスを祝う。このような点からみれば、日本人は無宗教なのではなく、宗教を都合に合わせて使い分けているといえるし、宗教に厳格な外国人にしてみると、おかしく見えるのも当然である。

　同様のことが、日本各地にある神社やお寺でもそれを見ることができる。同じ敷地内に、「お稲荷さん」や「天神様」が祀られていることがおおい。また、一人の神様ではなく複数の神様や仏様が同時に祀られている。これは、神仏習合という日本独特の考え方である。神仏習合に関する説である「本地

垂迹説」に基づくと、日本の八百万の神々は、様々な仏が化身として日本の地に現れた権現(ごんげん)である。例えば、日本で有名な太陽神である天照大御神は、仏教では大日如来であるとされていることなどがいい例としてあげられる。この考え方は、仏教が大きな力を持ったことが原因であるが、明治維新前までは一般的な思想であった。その後、明治時代に入り、天照大御神から初代天皇である神武天皇につながる血脈を誇る天皇中心の政治が再開された。天皇は神として扱われたため、外国から入ってきた宗教である仏教を廃止すべきだという運動が起き、「廃仏毀釈」が行われた。その結果、寺院や仏像などが多く破壊された。それが神道復活につながり、第二次世界大戦が終わるまで続いた。戦後に天皇が人間宣言をし、GHQによる政教分離政策に従ったことで、国家神道は終わりを告げた。

　日本で神社やお寺に行くと祈り方の違いを見ることができる。神社では、鳥居をくぐると参道のわきに「手水場」があり、そこで手と口を清める。そして、寝殿の前に立ち、大きな鈴から垂れ下がっている綱をゆすり、神を呼び出す。その後、賽銭箱に賽銭をいれてから二度お辞儀をして二度手を打ち鳴らし、最後にもう一度お辞儀をする「二礼二拍手一礼」を行う。これは神社によって異なる場合が多いが、お辞儀をして拍手するのはどこでも同じである。しかも、神社では無病息災や自分の願い事を祈ることが多い。それに対して、お寺では、静かに両手を合わせて感謝の気持ちを祈ることが多い。または、南無阿弥陀仏と唱える人もいる。

　さて日本では、子供のころよく親から「嘘をつくと、エンマ様に下を抜かれる」と言われたことがある人が多い。うそをつくのは良くないことだという教えとして、エンマ様が登場する。しかも「苦しい時の神頼み」ということわざがあるが、神様や仏様の力を借りたいと都合よくすがる場合もある。そして、町の中には「お地蔵様」が祀られているが、これも様々な人々の願いから多くの地域で大切に祀られている。このように、日本人は、宗教をうまく使い分けて生活の一部として取り込んでいるのである。

1. 》》 ～からみると(からみれば)

> このような点からみれば、日本人は無宗教なのではなく、宗教を都合に合わせて使
> い分けているといえるし、

~의 입장/관점에서 생각하면, ~을 기준/재료로 생각하면, ~으로 보아

「N＋からみると(からみれば)+판단/추측/의견/비교 기준」

> 예 過去の実績からみれば、彼女が代表に選ばれたのは妥当だと思う。
> 과거의 실적을 보면, 그녀가 대표로 뽑힌 것은 다당히다고 생각한다.
>
> 日本人の男性からみると、彼はかなり背が高いほうだ。
> 일본인 남성을 기준으로 생각하자면, 그는 꽤 키가 큰 편이다.

※ ～からいうと

「N＋からいうと+판단/추측/의견」

(판단의 전제를 제시하는 경우, 사람/조직 명사에 직접 접속할 수 없다.)

> 예 僕の経験からいうと、留学前に基本的な文法や単語は復習しておいたほ
> うがいい。
> 내 경험에서 말하자면, 유학 전에 기본적인 문법이나 단어는 복습해 두는 것이 좋다.

※ ～からすると

「N＋からすると +판단/추측/의견」

> 예 この地図からすると、店まであと5分ぐらいだ。
> 이 지도에서 보면, 가게까지 앞으로 5분 정도다.

2. 　～にしてみたら/みると

宗教に厳格な外国人<u>にしてみると</u>、おかしく見えるのも当然である。

「N+にしてみたら(+~だろう・~かもしれない)」

~의 입장이 되어 생각해보면, (~일 것이다. /~일지도 모른다)

(입장을 전제로 하는 표현. 단순한 표현을 나타낼 때는「~にとっては」를 사용.)

　　예 日本人にすれば簡単な漢字でも、外国人<u>にしてみたら</u>とても難しいこと

　　　　かもしれない。

　　　　일본인에게는 간단한 한자라도, 외국인 입장에서는(입장이 되어 생각해보면) 어려울 수
　　　　도 있을지 모른다.

　　　　私<u>にしてみたら</u>、あなたの言うことは言い訳にしか聞こえない。

　　　　내 입장에서 보면 네가 말하는 것은 핑계로 밖에 들리지 않는다.

3. 　～に従った／~に従って

GHQによる政教分離政策<u>に従った</u>ことで、国家神道は終わりを告げた。

① 「V(사전형)＋に従って」「N＋に従って」

　　~에 따라, ~에 기초한, ~에 응한

　　예 直感<u>に従った</u>ことで得られたものです。

　　　　직감에 따른 것으로 얻어진 것입니다.

　　　　学習フロー<u>に従った</u>基礎知識考え方の習得とアウトプットの繰り返しで

　　　　合格した。

　　　　학습프로에 따른 기초지식의 사고방식 습득과 아웃풋의 반복으로 합격을 했다

② 「V₁(사전형)＋に従って＋V₂」

　　: V₁하면, 점점 V₂.

　　(※ 변화를 표현하는 말이 사용된다.)

예 試験の日が近く**に従い**、不安と緊張で眠れない日が続く。

시험일이 다가올수록 불안과 긴장으로 잠을 자지 못하는 날이 계속 된다.

時間が経つ**に従って**、足の痛みが引いてきた。

시간이 지나면서, 다리 통증이 없어졌다.

* ~에 따라

⑴ 자신의 의지나 상대에게 하는 조언/지시 등을 서술

⑵ 명령/지시/규정 등을 받아들여 그대로 따르는 것

예 学生たちの能力**に従って**、全体を3つのクラスに分ける予定です。

학생들의 능력에 따라서 전체를 3개 반으로 나눌 예정입니다.

順番**に従って**、検査を受けてください。

순서에 따라, 검사를 받으세요.

マニュアル**に従って**、操作してください。

메뉴얼에 따라서, 조작해 주세요.

---

4. ≫ しかも

しかも、神社では無病息災や自分の願い事を祈ることが多い。

① 그 위에; 게다가; 더구나.(=동의어 なお)

② 그럼에도 불구하고; 그런데도; 그러고도.

예 日は暮れて、**しかも**雨まで降ってきた。

날은 저물고 게다가 비까지 내리기 시작했다.

あれだけ練習して、**しかも**勝てなかった。

그렇게 연습했음에도 불구하고 이기지 못했다.

5. » さて

さて日本では、子供のころよく親から「嘘をつくと、エンマ様に舌を抜かれる」と言われたことがある人が多い。

다른 화제로 옮기는 기분을 나타냄 : 그런데.(=동의어 ところで)

[예] さて、次の問題にうつろう。
그럼, 다음 문제로 넘어가자.

さて、ご紹介が遅れておりますが、新作パンです。
그런데, 소개가 늦어졌습니다, 새로 만든 빵입니다.

어휘		

宗教	しゅうきょう	종교
厳格	げんかく	엄격
お宮参り	みやまいり	신사에 참배함, 아기의 백일에 그 아이를 데리고 그 고장 수호신에게 참배하는 일
弔い	とむらい	조상; 애도, 장례식, 법사
無病息災	むびょうそくさい	무병식재; 병 없이 건강함
お盆	おぼん	'盆'의 공손한 말씨, 'うらぼんえ'의 준말; 우란분재; 백중맞이(음력 7월 보름)
敷地	しきち	부지; 대지(垈地)
稲荷	いなり	곡식을 맡은 신; 곧 倉稲魂神, 여우의 딴 이름, 유부
天神	てんじん	천신, 菅原道真를 모신 신사, 直衣 따위를 입은 公家풍의 사람
祀る	まつる	제사 지내다, 혼령을 모시다
習合	しゅうごう	습합; 서로 다른 학설이나 교리를 절충·조화시키는 일
本地垂迹説	ほんじすいじゃくせつ	本地垂迹를 설명할 때 신과 부처는 한 몸이라고 주장하는 설 (본지 수적: 일본의 신들은 모두가 인도의 부처가 일본인을 구하기 위하여 나타난 것이라고 하는 중세의 설법)
権現	ごんげん	일본에서 신의 칭호의 하나(부처나 보살이 중생을 구하기 위해 일본에 임시 권도로 신으로서 나타난 것이라는 사상에 기인함)(=동의어 権化·権者)
大日如来	だいにちにょらい	대일여래(진언종(眞言宗)의 본존(本尊); 우주를 비추는 태양으로 만물의 자모(慈母)라고 일컬어짐)
血脈	けつみゃく	혈맥, 혈관, 핏줄; 혈통
神武天皇	じんむてんのう	진무(천왕), 일본 제1대 천황으로서 전설의 인물
廃仏毀釈	はいぶつきしゃく	불교를 배척하고 절·불상을 부숨(明治 초기, 신불(神佛) 분리로 일어났던 불교 배척 운동)

▎宣言	せんげん	선언
▎政教	せいきょう	정교; 정치와 종교
▎鳥居	とりい	신사(神社) 입구에 세운 기둥문
▎くぐる		빠져 나가다, 밑으로 빠져 나가다, 어려움·위험·틈·허점 등을 뚫다
▎参道	さんどう	신사(神社)나 절에 참배하기 위하여 마련된 길
▎手水場	ちょうずば	손 씻는 곳
▎神殿	しんでん	신전, 신사의 본전
▎垂れ下がる	たれさがる	아래로 드리워지다[늘어지다]; 처지다
▎ゆすり		흔듦
▎賽銭	さいせん	새전; 신불에 참배하여 올리는 돈(불전(佛錢)·연보금(捐補金) 등)
▎辞儀	じぎ	(머리 숙여) 절함; 인사(=동의어 あいさつ) , 사퇴; 사양
▎打ち鳴らし	うちならし	두드려[쳐서] 소리가 나게 함
▎二礼二拍手一礼	にれいにはくしゅいちれい	신사나 절에 참배할 때 손뼉을 두 번 치고 나서 합장을 하는 행위
▎南無阿弥陀仏	なむあみだぶつ	나무아미타불('六字の名号(=여섯 글자의 명호)'라고 함)
▎唱える	となえる	소리내어 읽다, 외치다; 소리 높이 부르다, 주창하다
▎エンマ	えんま	염마; 염라 대왕, 빚쟁이; 외상값 수금원, 못뽑이; 노루발장돌이
▎神頼み	かみだのみ	신에게 빌어 가호를 바람
▎地蔵	じぞう	지장; '地蔵菩薩'의 준말

한자 쓰기

厳格									

弔い									

お盆									

敷地									

稲荷									

祀る									

血脈									

宣言

政教

鳥居

参道

神殿

賽銭

辞儀

唱える

地蔵

확인하기

Q1. 본문의 내용과 같은 것을 고르시오.

❶ 「本地垂迹説」とは、日本の神々は、様々な仏が化身として日本の地に現れたものである。

❷ 明治時代に起きた日本の神道を廃止すべきだという運動が「廃仏毀釈」である。

❸ 神社では、拍手をせずに静かに両手を合わせて感謝の気持ちを祈ることが多い。

❹ 「苦しい時の神頼み」とは、宗教をうまく使い分け生活の一部に取り込んでいるという意味である。

Q2. 다음 중 문법적으로 틀리게 사용된 문장을 고르시오.

❶ しかも、ハンサムという言葉もあまり使わなくなっているそうだ。

❷ たけしにしてみると、あの二人が付き合っているのを見るのは気分が悪いだろう。

❸ SNSの利用者の増加に対して、コミュニケーションの取り方が大きく変わってきた。

❹ 外国人からみれば、日本人の宗教観がおかしく見えても仕方がない。

宗教と学校

宗教立学校数の割合

	総計	国・公立	私立	うち宗教立	割合
小学校	21,460	21,240	220	82	37.3%
中学校	10,699	9,933	766	234	30.5%
高校	5,022	3,703	1,319	331	25.1%
大学・短大	1,155	200	955	202	21.2%

宗教別の学校数

	大学・短大	高校	中学校	小学校	合計	割合
キリスト教系	124	203	165	73	565	66.5%
仏教系	71	107	52	5	235	27.7%
神道系	4	16	13	4	37	4.4%
新宗教系	3	5	4	0	12	1.4%
合計	202	331	234	82	849	

出典：文部科学省『学校基本調査』

キリスト教系の大学

上智，立教，青山学院，明治学院，国際基督教，聖心女子，南山，同志社，関西学院，西南学院など

仏教系の大学

駒沢，大谷，龍谷，高野山など

神道系の大学

國學院，皇學館など

新宗教系の大学

創価，天理など

第13課

日本のしきたり

• • • •

학습목표

○ 일본의 관습에 대한 이해
○ 관련 어휘 및 표현 문형 익히기
○ 일본의 관습에 관한 내용을 통해 독해력 향상

日本のしきたり

● ● ● ●

　日本人には、人間関係を円滑にするための独特な行動様式「しきたり」があることはご存知だろうか。その中でも最も重要とされている4つの「しきたり」についてご紹介しよう。

根回し

　人との「和」を保ち、賢く自らの意見を公で発表するために、日本人は適切な「場」を選び、「間」も考慮して慎重に人とその情報を共有してゆく。こうした日本人の行動様式の典型が「根回し」という意思伝達方法なのである。上司や関係者と意見の対立を生むリスクを避けるために、関係する人に事前にその情報を伝えたり、必要に応じて提案内容を調整することを「根回し」という。そして、「根回し」をしっかりと繰り返すことで、人と公然と対立せずに、情報が共有され、企画やアイディアに関する情報が共有されるのである。

作法

「作法」は、まさに「型」にのっとっている。たとえば、茶道において、どこに客人を案内し、どのようにしてお湯を沸かし、お茶を点て振る舞うか、全て定められた方式がある。また、会社では上司と部下との間で、部下が上司に対してどのように行動するかという作法がある。多くの日本人は、自分が目に見えない作法に従って、行動様式を変化させていることすら、それがあまりにも当たり前すぎて、気づかないかもしれない。

内と外

人と人との複雑なしがらみの中で、その人の「情」と「義理」との関係がわかり、心を許して話ができる信頼関係が構築されたとき、その人は自分の人間関係の「内」にいると考える。「外」の人とは、ある程度お互いがよく知り合うまで、率直な付き合いを控えるのである。複雑な人間関係から発生する齟齬や軋轢といったリスクを軽減するために、日本人は伝統的に「内」と考える相手に対してのみ、本当の思いや情報を共有する傾向にある。「内」に迎えられるためには、何よりも、お互いを公私ともによく知り合う必要がある。

本音と建前

「内」と「外」との関係を最も象徴的に表した言葉が、「本音」と「建前」である。「本音」とは、「内」の同じグループのメンバー同士で語られる本当に思っている内容のことで、「建前」は、表向きの外交的なメッセージや言葉を指す

表現となる。日本人ならではのコミュニケーションスタイルを理解している人同士であれば、見分けることは比較的簡単かもしれない。しかし、外国から来た人は勘違いし、あたかも日本人が嘘をついているように誤解することもあるかもしれない。

표현 문형

1. ~ことで

> 「根回し」をしっかりと繰り返す**ことで**、人と公然と対立せずに、情報が共有され、
> 企画やアイディアに関する情報が共有されるのである。

~으로써, ~하여 (원인/수단을 말한다.)

> 예 部長が欠席した**ことで**会議が中止になった。
> 부장이 결근해서 회의가 취소되었다.
>
> 大雨が降り続いた**ことで**浸水で電車の運行を見合わせた。
> 폭우가 계속 내려서, 침수로 전철 운행을 보류했다.

※ ことだ

① 충고/명령 : ~하는 것이 가장 좋은 방법이다. ~않는 편이 좋다.

(일반적으로 동등하거나 손아랫 사람에게 쓰여진다.)

「동사(보통형) + ことだ」「동사(보통형) + ない + ことだ」

② 감개/감탄

「い형용사(-い) + ことだ」「な형용사(-な) + ことだ」

> 예 疲れた時は、ゆっくり休む**ことだ**。
> 피곤할 때는, 푹 쉬는 것이 좋다.
>
> 先生がいらっしゃらなくて、残念な**ことだ**。
> 선생님이 계시지 않으셔서, 유감스럽다.

2. ~ことすら

> 行動様式を変化させている**ことすら**、それがあまりにも当たり前すぎて、気づかな

いかもしれない。

~것 조차, ~것 마저

예 歩く**ことすら**自由にできない。
걷는 것 조차 마음대로 할 수 없다.

行った**ことすら**ない。
가본 적 조차 없다.

※ ~すら/~さえ

~조차, ~마저, ~도

('물론 그 이상의 다른 것에 대해서도 그렇다.'는 의미 암시.「~すら/さえ」뒤에는 대부분 부정적인 내용을 서술.「~すら」는 '~것도 ~아니다.'라는 놀라거나 부정적인 기분을 강하게 나타낸다.)

「명사(+조사) + すら/さえ」「동사(-て) + すら/さえ」

예 ● 名前**すら**聞いたことがない。
이름조차 들어본 적이 없다.

---

3. あまりにも

それが**あまりにも**当たり前すぎて、気づかないかもしれない。

너무나도

(정도가 지나친 모양. 한도를 넘어선다고 생각될 정도로 심한 모양.「あまりに」에 강조의 의미로「も」를 더한 형태.)

예 値段が**あまりにも**高い。
가격이 너무 비싸다.

あまりにもうれしくて涙が出た。
너무 기뻐서 눈물이 났다.

あの店のラーメンは**あまりにも**まずくて食べたくない。
저 가게 라면은 너무 맛없어서 먹고 싶지 않다.

4. 》》》 **~のみ**

日本人は伝統的に「内」と考える相手に対して**のみ**、本当の思いや情報を共有する傾向にある。

오직 그것뿐; …만, 강조해서 말하는 데 씀

동사(사전형)/명사(である)/い형용사(-い)/な형용사である＋のみ

例 今はただみんなの無事を祈る**のみ**です。
지금은 그저 모두가 무사하기를 빌 뿐입니다.

やれることはやったので、後はただ結果を待つ**のみ**だ。
할 수 있는 건 다 했으니, 나머진 그저 결과를 기다릴 뿐이다.

※ 한정을 나타내는 표현
① **のみ** : 문어체 (=동의어 だけ・ばかり). 부정형(-ない)과 호응 X
② **だけ** : 정도・범위의 한계를 나타냄. 부정형(-ない)과 호응 X
③ **しか** : 부정형(-ない)과 호응하여 사용

5. 》》》 **ならでは**

日本人**ならでは**のコミュニケーションスタイルを理解している人同士であれば、見分けることは比較的簡単かもしれない。

~특유의, ~만의, ~이 아니고는

(그 특징이 다른 곳에서는 잘 볼 수 없다. 높은 평가나 칭찬의 기분을 나타낼 때 사용.)

「명사＋ならでは」

예 日本**ならでは**の雰囲気を味わいたいなら、京都に行くといいでしょう。

일본 특유의 분위기를 느끼고 싶다면 교토로 가는 것이 좋겠지요.

私は旅行するとき、その土地**ならでは**の食べ物を食べるのが好きだ。

나는 여행할 때 그 고장만의 음식을 먹는 것을 좋아한다.

어휘

行動様式	こうどうようしき	행동 양식
しきたり		(이제까지의) 관습; 관례(=동의어 ならわし)
根回し	ねまわし	(이식(移植)할 때 또는 과수의 좋은 결실을 위해) 나무의 둘레를 파고, 주된 뿌리 이외의 잔뿌리를 쳐내는 일; 전하여, 교섭 따위를 잘 성립시키기 위해 미리 의논함; 사전 교섭
賢い	かしこい	영리하다, 슬기롭다, 현명하다
考慮する	こうりょする	고려하다
慎重	しんちょう	신중(↔반의어 軽率)
作法	さほう	예의범절, 작법; 만드는 법, 법식; 관례
則る	のっとる	기준으로 삼고 따르다, 본받다, 준(準)하다
沸かす	わかす	데우다
点てる	たてる	(차를)끓이다
振る舞う	ふるまう	행동하다, 대접하다; 향응하다
しがらみ		속박, 굴레
許す	ゆるす	허가하다, 인가하다, 허용하다
信頼	しんらい	신뢰
構築する	こうちくする	구축하다
控える	ひかえる	못 떠나게 하다, 잡아끌다, 순서를 기다리다; 끝나기를 기다리다
齟齬	そご	서어; 뜻이 맞지 않음; (일이) 어긋남
軋轢	あつれき	알력
公私	こうし	공사
象徴的	しょうちょうてき	상징적
本音	ほんね	본음색(音色); 전하여, 본심에서 우러나온 말(↔ 반의어 たてまえ)

▎建前	たてまえ	표면적으로 내세우는 방침 또는 원칙
▎表向き	おもてむき	공공연함; 공식상, 표면상, 겉으로는
▎外交的	がいこうてき	외교적
▎勘違い	かんちがい	착각; 잘못 생각함(=동의어 思いちがい)
▎嘘	うそ	거짓말, 틀림; 잘못, 적당하지 않음; 알맞지 않음
▎誤解する	ごかいする	오해하다

한자 쓰기

行動様式

根回し

賢い

考慮する

慎重

作法

沸かす

点てる

控える

象徴的

本音

建前

勘違い

誤解する

Q1. 본문의 내용과 같은 것을 고르시오.

❶ 「根回し」とは、相手と意見の対立を生むリスクがある時、事前に調整をしないことである。

❷ 「作法」とは、上司に対してどういう風にお茶を振る舞うのかについての方式である。

❸ 日本人の「うち」とは、心を許して話ができるほど信頼関係が構築されたことである。

❹ 「建前」とは、同じグループのメンバー同士で話す、本当に思っている内容のことである。

Q2. 다음 중 문법적으로 틀리게 사용된 문장을 고르시오.

❶ 日本の会社でも、その人の実力や能力にすることで給料が変わるようになってきた。

❷ あのイタリアンレストランのピザがあまりにもおいしかったので、また行ってきました。

❸ 今日の記者会見では、2つの質問にのみ答えさせていただきます。

❹ きれいな青い海と白い砂浜、そして青い空は沖縄ならではの風景です。

日本の箸と食事作法

箸の種類が多彩　　①食事に使用，②調理人が使用，
　　　　　　　　　③子供用，成人用，男女用の存在，④客用の取り箸，⑤火箸
箸中心の料理　　　食器を手に持ち，汁物椀を口に付けながら食べ，汁を吸う食事作
　　　　　　　　　法の定着
　　　　　　　　　椀：奈良から平安期にかけて発達 → 匙が使われなくなる
　　　　　　　　　　　日本の箸文化 → 世界の食事様式の中で特異な存在

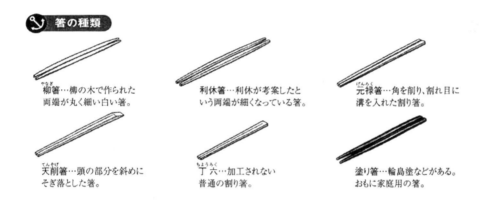

⚓ **箸の種類**

柳箸…柳の木で作られた
両端が丸く細い白い箸。

利休箸…利休が考案したと
いう両端が細くなっている箸。

元禄箸…角を削り、割れ目に
溝を入れた割り箸。

天削箸…頭の部分を斜めに
そぎ落とした箸。

丁六…加工されない
普通の割り箸。

塗り箸…輪島塗などがある。
おもに家庭用の箸。

箸使いのタブー

- 寄せ箸：器を手で取らずに箸先で引き寄せたり移動させること
- 渡し箸：器の上に箸を渡して置くこと．箸は箸置きに置く
- 移り箸：いったん箸をつけた料理を食べずに，他の料理に手を出すこと
- 迷い箸：どの料理から手をつけるか，器の上で箸をあちこち動かして迷うこと
- 重ね箸：同じ料理をたてつづけに食べること
- 握り箸(持ち箸)：箸を二本握ったままの手で，器を持つこと
- さぐり箸：食べたいものを盛りつけの下の方から取り出すこと
- 刺し箸：取りにくい料理を箸で突き刺して食べること
- もぎ箸：箸についたご飯粒などを口で横にもぎ取ること

- 涙箸：料理の汁気を箸で運ぶ間に，ぽたぽたとしたたらせること
- 押し込み箸：箸で押し込むように，一度にたくさんの料理をほおばること
- ねぶり箸：箸先をなめたり，くわえたりしてしまうこと
- 移し箸：箸から箸へ食べ物を受け渡すこと
- たたき箸：箸で器をたたくこと
- ちぎり箸：箸を片手に1本ずつ持ち料理をちぎること

부록 ▮한국어 번역

• • • •

第01課 어느 샐러리맨의 하루

  일본의 샐러리맨은 긴 노동 시간 때문에 "일벌레"로 자주 비유된다. 매일 아침 일찍 일어나 만원 전철을 타고 회사에 출근한다. 회사에 도착하면 우선 제일 먼저 전날 받은 이메일을 체크한다. 아침 회의에 참가하거나 거래처에 약속을 잡는등의 일을 하며 오전을 보낸다. 점심은 간단한 우동이나 메밀국수 한 그릇으로 때우고 오후를 대비한다. 오후에는 다시 회의와 서류 체크, 거래처 방문, 부하직원과의 간담회 등의 업무에 쫓긴다. 하루 종일 바삐 일하기 때문에 눈깜짝할 사이에 5시 퇴근시간이 된다. 그러나 퇴근 시간이 되었다고 해도 제 시간에 퇴근하는 일본 샐러리맨은 거의 없다. 간단한 커피타임으로 한시름 돌린 뒤에 남은 일의 뒤처리를 한다. 그러다 보면 눈깜짝할 사이에 밤 9시, 10시가 되어 버린다. 회사를 나서면 직장 동료 몇 사람들과 인근에 있는 술집에 들러 맥주 한 잔 들이키면서 하루의 피로를 푼다. 그 뒤에 귀가해서 문득 생각하면 시계바늘은 12시 때로는 새벽 1시를 가리키고 있는 적도 적지 않다.
  일본의 샐러리맨을 가리켜 '회사인간'이라고도 부른다. 한평생을 회사에서 지낸다. 회사 내에서는 다양한연구회와 낚시 모임, 등산 모임 등, 사원끼리의 친목회를 목적으로 한 모임이 있어서 휴일에도 가끔 참가해야 하는 일도 드물지 않다. 이처럼 가정에 있는 시간, 또는 가정에 투자하는 시간보다 회사에서 보내는 시간이 훨씬 길다. 그렇기 때문에 자기의 취미생활과 자기 시간을 즐길 여유가 없는 인생이 되어 버린 것이다. 이런 샐러리맨들로 인해 지탱되고 있는 일본을 '주식회사 일본'이라고 부르는 사람도 많다. 다시 말해 일본 샐러리맨들은 일로 시작해서 일로 끝나는 인생이라고 해도 과언이 아니다. 그러나 최근 들어 장시간 노동으로 인한 '회사인간'의 부작용이 일본의 사회문제로 부각되기 시작하면서 일하는 방법을 바꾸자는 움직임이 보이게 되었다. 정부도 "일하는 방법의 개혁"으로 노동환경을 대폭 재검토한다거나, 당연하던 장시간 노동을 그만두거나, 비정규채용의 사람들에 대한 대우를 개선한다거나 하는 등의 대처를 하고 있다.
  그러면 이처럼 변화하는 사회 환경 속에서 일하고 있는 사람들은 하루를 어떻게 지내고 있는 것일까?

최근 일하는 방법을 바꾸려고 하는 사회의 분위기에서 "잔업 제로"를 지향하는 움직임이 있다고 한다. 잔업 제로를 목표로 일하고 있는 샐러리맨은 오전 중에 머리를 쓰는 일을 우선적으로 하고 그날 오전 중에 오늘 해야 할 일을 마치도록 하고 있었다. 그리고 점심시간에는 혼자 먹거나 가볍게 때우고 책을 읽거나 하는 등, 자신의 시간을 확보하고 있다고 한다. 또한 오후에는 남은 일을, 그리고 저녁에는 경비 정산 등 머리를 그다지 쓰지 않는 사무 일에 시간을 쓰려고 하고, 오후 5시 정시에는 뒷정리를 하고 퇴근한다. 빠르면 오후 6시쯤에는 집에 도착해서 가족과 시간을 보내거나 자신을 위해 시간을 사용한다거나 했다.

　여기에서 소개한 것은 극히 일례이지만, 잔업 제로를 실천하고 있는 이 샐러리맨들은 여러 가지 방법을 시험해 보는 것으로, 자신에게 가장 잘 맞는 하루를 지내는 방법을 찾는 것이 중요하다고 생각한다.

　어느 리서치 회사가 일주일간 퇴근 후 지내는 방법을 조사한 결과, 어학 등의 공부, 다도, 꽃꽂이, 댄스 등의 학습, 헬스장이나 테니스 등의 운동, 쇼핑, 데이트, 친구와의 식사 등이 많았다.

　이런 사회 변화에 의해 일본의 샐러리맨들은 지금까지 잃어버렸던 가정을 되찾고 자기자신에게 보다 충실한 삶을 영위할 수 있는 기회를 되찾게 될 것으로 보인다.

第02課 일본 각지를 연결하는 공공교통기관 철도

　일본에는 동경이나 오사카 등의 대도시와 지방 혹은 라이프스타일에 따라 여러가지 통근 수단이 있다. 지방은 자동차를 이용해서 출근하는 일이 많지만, 어느 조사결과에 따르면, 동경이나 수도권에서는 82.5%로 가장 많은 사람이 출근 수단으로 철도나 전철 등을 이용하고 있는 것을 알 수 있었다. 이제 철도는 많은 사람에게 중요한 교통수단인 것이다.

　일본에서 첫번째 철도노선인 신바시역에서 요코하마역(현재의 사쿠라기쵸역)이 정식 오픈한 것은 1872년 10월 14일이다. 1858년에 증기 기관차가 처음 나가사키에 반입되면서 1개월에 걸쳐서 시범 주행을 했으나 메이지에 들어서서 철도 부설 계획이 본격적으로 시작되고 1870년에 건설이 시작되었다. 그 후, 반대 등 여러 가지 문제가 있었지만 무사히 오픈했다. 오픈 당시는 하루 9회 왕복, 시속 약 32킬로로 운행되었다. 당시의 이용자 수는 하루 평균 4347명으로, 예상했던 이상의 이용자 수가 있어서 철도의 유효성이 입증되었다.

　그로부터 약 140년의 세월이 흐른 현재는 신칸센을 비롯하여 많은 철도가 일본 각지를 달리고 있다. 특히 도쿄의 지상과 지하를 종횡무진 누비는 철도는 일본인 뿐만 아니라 외국에서 온 사람들도 놀라울 정도다. 그리고 하루 평균, 역 승객 수는 신주쿠 역이 340만명으로 세계에서 가장 많다. 전 세계 역의 승객 수 랭킹에서는 1위부터 23위까지 일본의 역이 차지할 정도로 일본인에게 철도는 생활에서 빼놓을 수 없을 정도까지 발전하였다. 또한 신칸센이 일본의 주요 도시를 잇게 되면서 비즈니스와 관광, 그리고 생활 방식이 크게 바뀌게 되었다.

　지방에서는 이용자 수의 감소에 의해 노선이 폐지되거나 혹은 민간 기업에 처분되고 있다. 지금까지 그 지역 사람들의 삶의 발길이었던 철도가 없어지고 요금이 오르는 등 불편한 생활을 강요당하는 일도 있다. 그러나 지방 철도는 해안선이나 산, 계곡 등을 누비는 경우가 많기 때문에 도쿄와 오사카 등 도회지를 달리는 철도에서는 볼 수 없는 아주 아름다운 경치를 철도를 타고 즐길 수 있는 등, 관광 목적으로도 이용되고 있다.

　다양한 발전을 이룩해 온 철도이지만 '통근 러시', '콩나물시루 상태'와 같은 말도 이 철도의 발전과 함께 생겨난 말이다. 매일 아침 회사나 직장에 다니는 사람들이 꽉꽉 들어 차 만원 전철을 타고 출근해서 밤에는 지친 표정으로 다시 만원 전철을 타고 돌아가는 이 풍경은 도쿄와 오사카 등 대도시에서 산 적이 있는 사람에게는 일상 다반사의 일이다.

　이렇게 철도는 140년 이상에 걸쳐 없어서는 안 되는 존재가 되어 왔다. 현재, 신칸센이 홋카이도에서 큐슈까지 이어지는 대동맥 역할을 담당하고 있지만 2037년까지 시나가와 역에서 신 오사카 역까지 시속 500㎞, 소요 시간 67분이라는 단시간에 이어주는 리니어 중앙 신칸센을 정비하고 있다. 이 리니어 중앙 신칸센이 우리 생활과 그리고 비즈니스에 어떠한 영향을 미칠지, 그리고 새로운 시대의 철도 사회란 어떠한 것이 될지, 매우 기대가 된다.

第03課 자포니즘과 가와이 문화

　　19세기 중반의 만국박람회에서 일본의 미술품이 유럽에 소개되었다. 특히 서양 화가나 작가 등에게 큰 영향을 미쳐 Japonisume이라는 단어가 프랑스어 사전에 등장할 정도였다. 클로드모네의 「라・자포네즈」라는 그림에는 접이부채를 들고 붉은 옷을 입은 서양 여성이 그려져 있고, 배경에는 부채가 그려져 있다. 또한 고흐의 작품으로 유명한 「탕기 할아버지」에는 우키요에가 그려져 있다. 그리고 그림 이외에는 푸치니의 유명한 오페라인 「나비부인」도 자포니즘의 영향을 받아 탄생한 작품이다. 서양이라는, 당시 일본에서 보면 선진적이고 문화가 발달한 나라들에서 왜 자포니즘이 태어난 것일까?

　　당시 일본은 에도시대 말기로 쇄국을 하고 있었다. 문호를 열었던 유럽 국가는 네덜란드 뿐이었다. 네덜란드를 통해서 일본의 문화가 소개되기는 했으나, 1853년 흑선 내항 이후 일본에 많은 상선이 몰려왔다. 상선을 타고 온 상인들은 일본의 우키요에와 도자기 등을 가져갔을 뿐만 아니라 사진이나 인쇄기술이라는 당시의 최첨단 기술을 이용해 일본문화를 유럽에 소개했다. 자포니즘의 제1단계는 우키요에로, 그 중심은 프랑스 파리였다. 1860년부터 61년에 출판된 일본 책 중에는 우키요에가 흑백으로 소개되어, 당시의 유명한 작가가 편지에 일본의 공예품을 친구들과 나눴다고 썼을 만큼, 일본문화가 주목을 모으고 있었다. 그 이후 영국으로 전파되어 런던 만국박람회에서는 도자기와 장식물 등에 관심이 높아졌다. 뿐만 아니라 메이지시대에 들어서 곡예나 마술 등을 전문으로 하는 곡예사가 유럽에서 흥행하게 되어 다양한 문화가 유럽에 받아들여졌다.

　　이처럼 유럽을 열광시킨 자포니즘이지만 우키요에랑 도자기 등 전통공예와 가부키나 노와 같은 전통예능부터 이제는 그 중심이 다양한 일본문화로 옮겨지고 있다. 예를 들어 일본 영화나 문학작품, 그리고 만화나 에니메이션 뿐만 아니라 헬로키티나 구데타마(게으른 달걀 캐릭터) 같은 귀여운 캐릭터 등이 그 중심이다. 현대일본문화를 한마디로 표현하자면 'Kawaii문화'라고 한다. 미국의 뉴스위크(2016년 8월 2일호)에 "귀여운 것에 몰두하는 것은 인류 공통의 본능이라고 하더라도 그것을 문화로 한 것은 일본뿐이다."라고 쓰여 있다. 일본에서 거리를 걷다 보면 "이거 귀엽다"라는 소리를 자주 들으며, 그소리를 듣고 눈을 돌리니 귀여운 것들이 늘어서 있었다는 경험을 한 적이 있는 사람이 적지 않다고 생각한다. 그리고 이 "Kawaii문화"는 SNS등을 통해서 전 세계에 확산되고 있을 뿐만 아니라 게임에 등장하는 캐릭터를 주인공으로 한 영화나 게임 등이 제작되어 크게 히트하고 어느 항공사에서는 캐릭터와 콜라보를 하는 등 전 세계에 영향을 미치고 있다.

　　일본인이나 외국인에게 일본의 문화는 무엇인가라고 물어보면 우키요에나 가부키 등이 가장 먼저 떠오르지만, 전 세계의 10대나 20대 젊은 세대를 중심으로 일본의 문화는 "kawaii문화"가 되는 날도 그리 멀지 않은 것이 아닐까.

第04課 평일 점심, 어떻게 해?

일본에서 일하는 많은 샐러리맨이 하루 중 가장 기대하는 시간은, 그래요 점심 시간입니다.

점심 시간이 되면, 오피스 거리는 오늘 무엇을 먹을까 생각하는 샐러리맨들로 넘쳐납니다.

그리고 가까운 식당이나 레스토랑 등에서는 점심을 먹는 사람들의 행렬이 생기는 일도 있습니다.

게다가 회사 가까이에 있는 편의점이나 도시락점에서도 점심을 구하려는 사람들이 많이 보입니다.

최근에는 '푸드 트럭'이라고 해서, 회사 가까이에 부엌을 갖춘 트럭이 와서 점심을 제공하거나, 도시락을 파는 서비스가 늘어나고 있습니다. 항상 잘 나가는 일식 메뉴부터 조금 멋스러운 이탈리아풍의 양식까지 여러 종류로 다양합니다.

이 푸드 트럭의 등장으로 언제나 같은 가게에서 먹기만했던 사람이나 편의점의 도시락만 먹었던 사람들에게 반가운 서비스의 하나가 되었습니다.

또 식당이나 레스토랑에서는 주머니사정이 어려운 샐러리맨들을 위해 '원 코인 런치'라고 해서 500엔으로 점심을 먹을 수 있는 가게도 있습니다.

도쿄 도심의 음식점에서는 점심 가격이 1000엔이나 하는 곳이 많이 보이는 가운데 적지 않은 용돈을 변통하고 있는 샐러리맨에게는 점심을 500엔으로 먹을 수 있는 것은 고마운 일이라고 합니다.

어느 설문조사 회사가 행한 샐러리맨의 점심 사정에 관한 조사에 따르면 "점심으로 무엇을 먹을까?"라는 설문 결과 (복수의 답 가능), 외식이 49%로 가장 많고, 그 다음으로 편의점이나 수퍼, 도시락가게가 44%, 그리고 집에서 도시락을 가지고 오는 것이 29%였습니다. 회사 가까이에 있는 식당이나 레스토랑 등에서 먹는 사람이나 편의점이나 도시락점에서 사먹는 것이 무엇보다 많다는 것을 알 수 있습니다.

그렇다면 어떤 메뉴가 인기 있을까요? 조사 결과 가장 인기 있는 메뉴는 일식이었습니다. 그리고 그 다음으로 양식, 소바, 우동, 빵, 덮밥으로 이어졌습니다.

또 '1회의 식사비는 얼마인가?'라는 질문에서는 350엔부터 500엔이 37%, 350엔 미만이 33%, 500엔부터 700엔이 20%가 되어 앞에서 원코인런치의 인기 이유를 알 수 있다고 생각합니다.

게다가 언제나 편의점 도시락이나 컵라면 등으로 점심을 해결해 버리거나, 균형 잡힌 식사가 어려운 샐러리맨이 많은 가운데 기업도 사원의 건강에 신경을 쓰게 되었습니다. 어느 유명기업에서는 프로 관리 영양사에 의한 건강하고 균형 잡힌 점심식사가 제공되고 있다고 합니다. 야채를 듬뿍 사용하고 제대로 국물을 내는 것으로 연한 맛에 제철의 맛있는 식자재를 사용해서 즐겁게 먹을 수 있는 메뉴가 되었다고 합니다.

또 카운슬링 룸에서는 무료로 상담을 받을 수가 있다고 합니다.

평소 일이 너무나 바빠서 간단하게 때우기 쉬운 샐러리맨의 점심이지만 먹는 것은 대단히 중요합니다. 맛있는 점심을 사이가 좋은 동료와 함께 즐겁게 먹어 보면 어떨까요?

第05課 일본 만화의 역사와 만화의 신 '데즈카 오사무'

'만화'라는 단어는 에도 시대에 활동했던 우키요에 화가 산토교덴의 그림책에서 처음으로 보였다. 만화는 일본에서 만들어진 일본식 한어로 '내킬 때 만연히 그린 그림'이라는 의미다. '만화'라는 단어가 등장한 지 220년 이상이 지난 지금, 'manga'로서 전 세계에서 통용되고 있으며, 일본의 만화를 가리키는 고유명사가 되었다.

일본 만화의 역사는 헤이안 시대로 거슬러 올라간다. 교토 고산지에 전해 내려오는 두루마리 그림《조수인물희화》는 '일본에서 가장 오래된 만화'라고 일컬어진다. 이 그림에는 의인화된 개구리, 토끼, 원숭이 등이 등장하며 빠른 움직임을 나타내는 표시, 말을 하고 있음을 나타내는 '말풍선'과 비슷한 표시가 있어 현대 만화에서도 쓰이고 있는 기법이 사용되었다. 이렇듯 두루마리 그림은 만화의 원류라고도 할 수 있으며, 그 흐름은 지금까지도 이어지고 있다.

에도시대에 들어서 만화는 '기보시'라 불리는 오락책에 글이 곁들여진 익살스러운 읽을거리로서 서민들을 즐겁게 했다. 또한《호쿠사이 만가》에서는 사람의 모습과 동물, 요괴 등이 수많이 그려져 있으며 그 영향은 현대 만화에서 많이 나타난다. 특히 요괴는 미즈키 시게루의《게게게의 기타로》, 다카하시 루미코의《이누야샤》등 많은 만화에 등장할 뿐만 아니라 어린이들 사이에서 인기를 얻고 있는《요괴 워치》등을 통해 많은 요괴가 귀여운 캐릭터로 친근한 존재가 되었다.

현대에서 정의되는 '만화'는 쇼와시대에 들어 일상어로서 사용되게 되었다. 영어의 'comic'을 만화로 번역한 것은 메이지시대부터 쇼와시대에 걸쳐 풍자 만화를 그린 '기타자와 라쿠텐'이다. 기타자와의 만화는 현대 만화의 의미를 보급하는데 한몫 했을 뿐만 아니라 일본에서 최초의 직업만화가로 활약하며 만화가의 육성에 힘을 쏟았다고 알려져 있다. 그 후로 만화는 데즈카 오사무, 이시노모리 쇼타로, 도리야마 아키라, 이노우에 다케히코 등 많은 유명 만화가들에 의해 일본의 대중문화로서 꽃을 피웠다. 그 결과 일본 만화는 전세계에서 남녀노소를 막론하고 많은 사람들에게 사랑받게 되었다.

1963년 1월부터 일본 방송 사상 최초로 TV 애니메이션《철완 아톰(우주소년 아톰)》이 방영되어 지금까지도 많은 사람들의 사랑을 받고 있다. 이 작품을 그린 사람이 바로 '만화의 신 데즈카 오사무'이다. 데즈카는 많은 작품을 세상에 선보였으며《도라에몽》의 원작자인 후지코 후지오 등 후에 데뷔하는 만화가들에게 큰 영향을 끼쳤다.

데즈카 오사무라는 한 사람의 만화가 겸 애니메이터는 일본의 애니메이션, 만화 뿐만 아니라 전세계에 큰 영향을 끼쳤다. '만화의 신 데즈카 오사무'는 그의 죽음으로부터 수십 년이 지난 지금까지도 애니메이션, 그리고 만화 속에 살아있는 것이다.

第06課 모호한 일본어

일본인의 언어생활에는 여러 가지 특징이 있습니다. 긴다이치 하루히코는 일본어의 특징으로 발음 면에서는 음절의 종류가 적고 동음어가 많은 점, 문법 면에서는 인칭, 숫자 등을 확실히 말하지 않고 대략적이며 막연한 표현이 많다는 점을 들어 일본어는 상대방의 감에 의존하는 경우가 많은 언어라고 지적합니다.

또한 많은 학자들이 공통적으로 꼽는 일본어의 큰 특징은 모호함입니다. 이와부치 다다스는 저서《일본어 반성장》에서 '(이)라도', '라든가'를 비롯해 '등', '따위', '라든지', '랄까', '같은' 등의 말이 공통적으로 가지는 모호화(化)에 따른 배려는 현대의 젊은이들에게 인간관계를 맺는 무기로써 무의식중에 정착된 것일지도 모른다고 하였습니다.

니시카게 히로코도 외국인이 일본어를 배울 때 어려운 점으로 모호함을 꼽았으며 다음과 같이 설명하였습니다.

각 나라별로 언어를 사용하는 방법이 있을 테지만 일본어에는 충돌을 피하기 위한 명시적이지 않은 표현, 그리고 쿠션 언어를 사용하는 등의 배려가 담긴 완곡한 표현이 많은 편인 것 같습니다. 각 언어에는 그 나라와 국민의 심상이 담겨있습니다. 일본어의 모호함도 내용을 알게 되면 매력이 될 수 있기 때문에 단지 일본인끼리 하는 대화가 모호함을 가지고 있다는 그 사실을 알아주셨으면 합니다. 일본어의 문말 표현을 보면 잘라 말하는 경우는 적고 '……'가 붙는 경우가 눈에 띕니다. '잠시 볼 일이 있어서……', '우표가 한 장 필요한데요……' 같이 어미를 끝까지 말하지 않는 경우를 비롯해 '그건 좀……', '저는 좋은데……' 같은 책임 회피적인 표현까지, 좀 생각해보기만 해도 계속 나옵니다. 왜 일본인은 희망이나 요구를 숨기는 것일까요? 왜 딱 잘라 말하면 안 될까요? 이는 말하는 사람만의 문제가 아니라 듣는 사람도 상대방이 끝까지 말하지 않아도 되도록 가능한 한 상대방의 의중을 파악해 대화를 원활하게 이끌어가기 위한 노력을 하고 있다는 사실을 알게 합니다. 그 결과 일본어는 '환상의 호흡', '이심전심의 정신'같은 독특한 커뮤니케이션 패턴이 발달하게 된 것입니다. 그러나 일본인끼리는 문제가 없는 커뮤니케이션도 외국인과 하려면 갈등의 불씨가 되어 '일본어는 애매모호해서 알기 힘들다'라든지 '일본인은 거짓말쟁이다'같은 비난의 대상이 되어버립니다. 또한 이러한 커뮤니케이션 패턴은 외국인에게 '일본인은 왜 끝까지 말하지 않아도 상대방이 하고 싶은 말을 알아듣는 걸까'라는 소박한 의문을 가지게 하여 '일본어는 어렵다'라는 인상을 주게 되고 일본어를 배우는 사람에게 커다란 장애물이 됩니다.

도야마 시게히코는 "자주 '그 말에는 숨은 뜻이 있다'는 말을 듣는다. 표면적인 의미뿐만 아니라 다른 뜻이 숨겨져 있다. 깜빡 방심하면 놓치기 쉽지만, 통인(通人)은 알아듣는다. 그 '숨은 뜻'을 파악하여 넙죽 받아먹는 사람은 어디에나 있다. 우리는 단순히 1차원적인 이야기보다 숨은 뜻이 있는 말이 더 재미있다고 느낀다. 단순 명쾌한 말은 왠지 유치하다고 느낀다. 일본어에 암시성이 풍부한 이유는 이러한 모호함의 미학 때문일 것이다. 문학적인 표현뿐만 아니라 일상적인 대화에까지 이러한 모호함이 영향을 끼치고 있다는 사실이 때로 일본인의 언어생활을 알기 어려운 것으로 만든다."라며 일본어의 모호함을 미학에 비유했습니다.

第07課 일본인과 비

일본은 자주 '사계절이 있는 나라'라고 불립니다. 봄은 벚꽃이 피며 따뜻하여 지내기 좋은 '화창한' 날이, 여름은 습기가 많고 기온이 높아 '푹푹 찌는' 날이 많습니다. 그리고 가을은 아침저녁이 선선하며 '쾌청한' 날이, 겨울은 '찬 바람'이 강하게 부는 추운 날이 이어지듯 기후에 다양한 변화가 있습니다. 그러나 일본은 비가 굉장히 자주 오는 나라입니다. 연간 강수일수가 세계에서 13번째로 많고, 특히 니가타현 조에쓰시는 연간 강수일수 세계 3위를 차지했을 정도로 비가 많이 오는 지역입니다. 또한, 일본인이 세계에서 가장 많이 우산을 가지고 있다는 재미있는 자료도 있습니다. 즉 일본은 비가 중심이 되는 기후라고 할 수 있습니다.

그런데, 일본에는 비에 관련된 것들이 아주 많습니다. 우선 비에 관한 어휘가 많은 것이 특징입니다. 봄에 내리는 비를 '하루사메(春雨)'라고 하고, 홋카이도를 제외한 일본 전역에서 나타나는 6월에서 7월 중순에 걸쳐 내리는 장마를 '쓰유(梅雨)'라고 부릅니다. 그리고 여름의 해질녘에 갑자기 내리기 시작하는 비를 '유우다치(夕立)'라고 하며, 맑은 날 비가 내리면 '여우가 시집을 간다'라고 표현합니다. 이 밖에도 비에 관한 표현이 수두룩하게 많아 400종류 이상 된다고 합니다.

다음으로 비를 테마로 한 작품이 많이 있습니다. 비를 테마로 한 유행가와 동요가 자주 불리며 드라마와 영화 등에서 비가 오는 장면이 자주 등장합니다. 그리고 가마쿠라시대의 두루마리 그림에는 비 오는 날 우산을 쓴 사람들이 그려져 있습니다. 또한 미야자와 겐지의 《비에도 지지 않고》, 다쓰노 유타카의 《비 오는 날》 등 비를 테마로 한 문학작품도 매우 많습니다.

그리고 나서 비는 일본인의 생활과 밀접하게 관련되어 있습니다. 지역별로 차이는 있지만, 일본의 가옥에는 '아마도(雨戸)'라고 불리는 덧문이 있습니다. 아마도는 태풍이 치거나 비바람이 강한 날에 자주 사용되며 창문이 깨져도 집 안에 비가 들어오는 것을 막는 역할을 담당합니다. 그리고 일본의 주식인 '쌀'도 비와 깊은 관계가 있습니다. 왜냐하면 벼가 자라기 위해 필요한 양분을 장마철에 내린 많은 비가 가져다 주기 때문입니다.

이렇듯 비는 일본을 대표하는 기후이며, 문화이며, 생활의 일부라고 할 수 있습니다. 비 많은 사람들이 비 오는 날은 외출하는 것이 귀찮아 지기 쉽겠지만, 비가 갠 하늘의 구름 사이로 맑은 하늘을 볼 수 있을지 모릅니다.

第08課 **일본의 전통 예능 '가구라'와 '노가쿠'**

　일본을 대표하는 전통 예능으로는 '가구라', '노가쿠', '가부키' 등이 있다. 가부키는 세계에서도 가장 유명한 전통 예능이지만 가구라와 노가쿠에 대해서는 잘 모르는 사람이 많을 것이다. 오늘은 이 가구라와 노가쿠에 대해 소개하려고 한다.

　먼저 가구라는 헤이안시대 중기(10세기 후반~11세기 중기)에 완성되었을 것으로 추측된다. 또한 가구라의 어원은 '가무쿠라' 혹은 '가미쿠라'라고 알려져 있는데 이 가무쿠라는 한자로 '神座(신이 앉는다)'라고 쓰며, 신이 머무는 곳이라는 의미가 있다. 가구라의 스토리는 《일본 서기》, 《고사기》 등에 적힌 신화에 기초해서 만들어졌다. 그 중에서도 아마테라스가 아마노이와토(천상의 동굴)에 틀어박히는 이야기가 가장 유명하며, 일본에서는 잘 알려진 신화 중 하나이다. 그런데, 가구라는 언제 행해지는 것일까. 지역에 따라 다르지만 매년 11월 중순에서 2월 상순에 걸쳐 행해지고 있으며, 풍작에 감사하고 내년의 풍양을 기원하기 위해 가구라를 봉납한다. 그리고 어떤 지역은 가구라를 보러 가면 '후루마이'라는 요리와 술이 나온다. 왜 요리와 술을 보는 사람에게 주느냐면, 신이 인간과 함께 식사를 하거나 술을 마시며 가구라를 즐긴다는 생각에서 유래되었다. 즉, 즐거운 가구라의 무대를 신들과 함께 즐기는 것이 매력 중 하나라고 할 수 있는 것이다.

　다음으로 노가쿠는 무로마치시대에 성립된 전통예능인 사루가쿠와 교겐을 합친 총칭이다. 원래 사루가쿠는 흉내 등 익살스러운 재주를 중심으로 발달해왔는데 무로마치시대에 간나미, 제아미가 등장하고부터 현재의 노가쿠와 같은 예능으로 모양이 잡혔다. 원래 노는 무용, 음악, 연극이 일체화된 종합예술이며, 노멘이라고 불리는 탈을 쓴 채 행해진다. 일반적으로 노멘에는 고오모테라고 불리는 젊은 여자 탈, 뿔이 돋은 여자 귀신을 나타내는 반야, 그리고 오키나라고 불리는 노인 탈 등이 있다. 고오모테는 무표정인 경우가 많으며, 반야는 아주 무서운 표정을 짓고 있다. 그 반면 오키나는 방긋 웃고 있는 경우가 많다. 작품의 내용에 따라 다양한 탈이 사용되고 있는데, 어떤 탈을 보아도 사람의 표정을 잘 표현하고 있기 때문에 보는 쪽도 바로 알 수 있다. 그런데 노의 악기 연주에 맞추어 춤을 추는 장면과 '우타이(가사)' 등은 뮤지컬과 공통된 부분이 많다. 또한 스토리는 고전 작품에 기초해서 만들어진 장대하고 인간미 있는 내용, 격렬한 전투, 박력 있는 귀신이 등장하거나 한다. 관객은 노가 가진 그 재미와 깊은 드라마가 있기 때문에 매료되는 것이다.

　이렇듯 가구라는 신에게 봉납한다는 점에서 의식적인 요소가 보이지만 노가쿠는 보는 쪽을 즐겁게 하는 엔터테인먼트적인 요소가 듬뿍 담겨있다. 각각이 가진 다양한 매력, 재미, 백미를 앎으로써 그 작품 세계에 빠져들 수 있게 될 뿐만 아니라 더 깊이 있게 즐길 수 있다.

第09課 자시키, 니와, 그리고 와비 사비

집은 그 나라의 풍토와 기후, 문화에 맞춘 기술 및 수공을 보인다. 당연히 일본의 가옥에서도 그러한 기술 및 수공을 엿볼 수 있다. 일본 가옥의 방 구조를 보면 방이 후스마(맹장지로 만든 미닫이 문)로 나뉘어 있으며 필요에 따라 후스마를 열거나 떼어내어 구조를 자유롭게 바꿀 수 있다. 그리고 어느 방이나 바깥과 접해있어 바깥의 빛이 들어오기 쉬우며, 통풍 또한 매우 잘 된다는 특징이 있다. 이러한 특징은 다습한 일본의 기후와 풍토의 영향에서 비롯되었다.

그리고 일본 특유의 '미의식'을 나타내는 '와비사비'라는 말 또한 일본 가옥의 특징 중 하나라고 할 수 있다. 특히 '니와(일본식 정원)'는 이 '와비사비'를 구현화한 것으로 교토의 오래된 주택에서 볼 수 있는 '쓰보니와'가 그 대표적인 예이다. 쓰보니와란 주택 안쪽의 아주 좁은 공간에 마치 건물로 구획이 된 것처럼 만들어진 안뜰을 가리킨다. 채광과 통풍의 역할을 담당한다. 현관으로 들어와 쓰보니와로 빠져나가는 바람은 매우 시원하여 초여름의 더위라면 충분히 넘길 수 있다.

그런데 '자시키'라는 말을 들어본 적이 있는가? 현대에 들어서는 서양식 방과는 구별되는 일본식 방이라는 뜻으로 많이 쓰이는 말이지만 원래는 '다다미를 깐 방'이라는 의미가 있었다. 이 자시키는 가마쿠라 시대에는 무사가 손님을 맞이해 연회를 하는 장소를 뜻하기도 했다. 무로마치시대에 들어서 자시키를 중심으로 한 주택이 보급되어 현대판 자시키의 기본이 완성되기 시작했다. 교토 지쇼지 절에 남아있는 도구도 불당에는 현대 일본 가옥으로 이어지는 여러 가지 요소가 남아있다. 그 중에서도 다다미 네 장 반(약 2.25평) 넓이의 도진사이 서재는 '쇼인즈쿠리(건축 양식)'라고 불리며 현재의 일본식 방과 매우 흡사하다. 쇼인즈쿠리로 만들어진 집은 바닥에 다다미가 깔려있고 바닥보다 한 단 높게 만든 '도코노마'가 있으며, 그 옆에는 '덴부쿠로'라 불리는 2개의 선반 '후쿠로토다나', '치가이다나'가 설치되어 있어서 자시키의 양식을 볼 수 있다.

생활습관의 큰 변화로 인해 현대 일본 집에서는 집 안에 소파를 놓거나 카펫을 깐 집이 늘어났다. 그 중에는 마루를 깐 방의 한쪽에 다다미를 까는 등 일본식과 서양식을 적절히 섞어놓은 방도 많이 보이게 되었다. 때문에 순 일본식 집이 아닌 한 집안에 다다미를 깐 경우를 보기 힘들어졌지만, 여전히 일본식 방을 하나 정도 두는 집도 적지 않다. 그 중에서도 도코노마가 있는 자시키는 집 안에서 가장 좋은 일본식 방으로 사용되는 경우가 많아 손님을 대접하거나 손님의 침실로 사용된다. 시대가 변해 생활습관이 변했다고 하더라도 쓰보니와를 만들고 일본식 방을 한 군데 두는 등 일본의 가옥 양식은 계속 계승되고 있다.

第10課 일본인과 연호

2019년 5월 1일, 약 30년 간 이어진 '헤이세이'가 끝나고 '레이와'가 시작되었다. 일본인에게 있어 '헤이세이'는 버블 붕괴, 잃어버린 20년, 격차사회, 대지진 등의 자연재해 같은 어두운 사건이 많았던 시대였다. 그 반면, 헤이세이의 의미인 '평화를 이루다'라는 측면에서는 평화로운 시대이기도 했다. 새로운 연호인 '레이와'가 시작되어 일본 국내에는 신년 맞이 이상으로 새로운 시대의 도래에 대해 기대하는 분위기가 있다. 특히 레이와가 된 2019년 5월은 시끌벅적했고, 일본 전체 여기저기에서 '레이와'라는 글자가 보이지 않는 장소는 없을 정도였다. 긴 일본의 연호의 역사 중에서도 이렇게까지 환영 받은 연호는 없지 않았을까. 그만큼 '헤이세이'가 암울한 시대였다고 말할 수 있다.

이번 연호인 '레이와'는 일본 최초의 연호 '다이카'부터 세서 248번째 연호이다. 원래는 중국으로부터 받아들인 제도이기는 하지만 현재 세계에서 연호를 사용하고 있는 나라는 일본 정도라고 한다. 서력이라는 글로벌 스탠다드가 있음에도 불구하고 연호를 사용하고 있는 일본 사회인데. 연호는 어째서 정착했을까. 연호 연구의 1인자인 도코로 이사오에 의하면 "일본인의 높은 식자율이 연호 제도의 정착에 크게 기여했다"고 지적한다. 그 근거로 "나라시대, 헤이안시대에는 서민 중에도 꼬리표에 주소를 쓰거나, 조정의 고지판인 '고우사츠'를 읽거나 할 수 있는 사람들이 있었다"고 한다. 또한, "연호가 표의문자인 한자를 사용하는 문화이기 때문에 일상생활에 녹아 들었다"고 말했다(『「元号」が21世紀まで続く3つの理由』日経 Biz Gate). 그리고 연호가 이미 일본의 역사, 문화 그리고 시대 호칭 등에 있어서 편리하다는 주장도 있다.

이번 연호 결정에 즈음하여 다양한 예상이 인터넷 상 또는 미디어에서 화제가 되었다. '안큐(安久)', '헤이와(平和)' 등 다양한 연호가 예상되었다. 예상되었던 연호에는 평화로우며, 안심하고 살 수 있는 시대를 바라는 많은 사람들의 마음이 강하게 포함되어 있다고 느껴지는 것이 많이 보였다. 새로운 연호인 '레이와'는 '만요슈'에 있는 한 구절에서 선택되었다. 기존의 연호는 중국 고전에서 선택되었지만, 이번에는 처음으로 일본 고전인 만요슈에서 인용되었다. '레이와'는 '봄의 도래를 알리며 훌륭하고 흐드러지게 피어난 매화꽃처럼, 한 사람 한 사람이 내일을 향한 희망과 함께 각자의 꽃을 크게 피울 수 있는 그런 일본이고 싶다(『日経新聞』)'는 염원을 담아 선택되었다고 한다.

원래 연호에는 길한 문자가 사용되는 경우가 많으며, 천황 한 사람에 대해 한 개의 연호를 붙이는 '일세일원'이다. 그러나 전란이나 기상이변 등 사회, 정치불안 등이 발생한 경우에는 연호를 바꾸는 일도 더러 있었다. 그러나 '길한 거북이가 조정에 헌상되었다'라는 이유에서 연호를 바꾼 적이 있다. 이렇듯 연호는 그 긴 역사 속에서 일본사회에 정착하여 오랜 기간 계속 사랑 받아왔다. 식자가 모여 진지하게 의논하여 연호를 정하는 반면, '거북이'에 의해 연호가 정해지는 등 친숙하게 느껴지는 에피소드가 있는 점도 원호가 오랜 기간 계속 사랑 받아온 이유가 아닐까. 앞으로도 일본인과 연호는 새로운 시대를 함께 걸어갈 것이다.

第11課 서른 한 글자의 일본어

'지구인'을 위한 일본어 정형시

일본의 풍토 안에서 태어나고 자란 일본어와 일본인이 오랜 세월 계속 사랑해온 짧은 시형이 있습니다. 5음·7음을 기본으로 한 리듬의 정형을 가진 것으로 특히 5·7·5·7·5의 31박으로 이루어진 단카, 5·7·5의 17박으로 이루어진 하이쿠는 현재에도 많은 사람들이 즐기고 있습니다.

누구에게나 모어라고 부르는 특별한 언어가 있고 그 언어에 고유의 시가 있을 것입니다. 모어라는 것은 사람에게 있어 둘도 없는 소중한 것입니다. 사람은 그 언어체계 안에서 사색하는 법을 배우고, 감성을 함양하기 때문입니다. 그리고 각각의 언어가 그 고유의 힘을 가장 발휘하는 것이 시라는 점은 의심할 여지가 없습니다. 각각의 언어의 시가 그렇듯 일본어의 시가에는 일본어 고유의 힘이 한껏 발휘되어 있습니다.

확실히 시에는 음악적 측면이 있습니다. 리듬이나 소리의 울림. 그것을 즐기는 일은 어쩌면 비교적 쉬울지도 모릅니다. 하지만 문제는 그것이 언어라는 점입니다. 그 언어가 배양된 토양에서의 오랜 문화적 경험의 축적이 말 하나 하나에 담겨 있습니다. 생활습관이나 언어 자체에 의해 계승되어 온 감수성의 전통이라는 것도 있습니다.

예를 들어 일본어의 시에는 방대한 양의 벚꽃 작품이 있으며 벚꽃에 대한 일본인의 애착을 말해주고 있는데, 반대로 그 시가의 전통이 벚꽃에 대한 일본인의 애착을 키웠다고도 할 수 있습니다. 원래는 농경에 필요한 달력으로서의 역할을 맡고 있었기 때문에 벚꽃의 개화와 낙화가 일본인들의 중요한 관심사였다고 알려져 있습니다.

시의 정형에도 예전부터 실용적인 측면이 있었습니다. 정형화하여 읽으면 기억에 남기 쉽고 전하기도 쉽습니다. 그것이 이윽고 예술적인 흥미로 발전하여 후세의 사람들이 벚꽃을 보는 감성에 결정적인 영향을 주었고, 벚꽃의 개화를 기뻐하고 낙화를 슬퍼하는 방대한 양의 작품이 현재에 이르기까지 계속 만들어지고 있는 것입니다.

'벚꽃'이라고 듣는 것만으로도 가슴이 설레는 듯한 이 전통적인 감수성을 다른 문화에서 자란 사람들에게 전달하는 것이 가능할까요?

그리고 제일 처음 말했던 '음악적 측면'은 리듬은 제쳐두더라도 음의 가치에 대해서는 그것이 반드시 음악처럼 한 언어를 뛰어넘는 것이 아니라는 점도, 우리는 뼈에 사무치게 잘 알고 있습니다. 예를 들자면 일본어에서 탁음(가행·자행·다행·바행)은 청음(카행·사행·타행·하행)에 비해 마이너스의 이미지를 짙게 가지고 있습니다.

'톤톤(콩콩)'과 '돈돈(쿵쿵)', '시토시토(촉촉)'와 '지토지토(축축)', '카라카라(달그락)'와 '가라가라(덜그럭)' 등 특히 의성어에는 청음과 탁음의 페어가 많이 있는데 모두 청음 쪽이 작고 가벼우며 어느 쪽인가 하면 호감이 가는 이미지인 것에 대해 탁음은 그 반대로 크고 무거우며 어느 쪽인가 하면 달갑지 않은 이미지를 환기합니다. 일본인, 특히 여성의 이름에 탁음이 사용되는 경우가 적은 것도 이런 소리를 느끼는 방식에 의한 것이지만, 이것은 일본어 문화 밖에서 통용되는 감각이 아닙니다. 예로부터의 일본어에는 탁음이 잘 사용되지 않았습니다. 탁음에는 고유의 가나조차 없고, 청음에 탁음을 붙여 나타냅니다. 탁음은 지금도 한자어에는 많이 나타나지만 탁음으로 시작되는 순일본어라는 것은 의음어·의성어 이외에는 찾아보기 어렵습니다. (『現代短歌から古代歌謡へ』가와지 유카 외)

第12課 일본인에게 있어서의 신앙

일본인에게 '종교가 무엇입니까'라고 물으면 무교라는 대답이 돌아오는 경우가 많다. 애초에 종교에 대해 엄격하지 않다고 하는 경우가 많다. 그 근거로서 태어났을 때는 신사에 '참배'를 하러 가고 결혼식은 교회 등에서, 기독교식으로 한다. 그리고 죽으면 불교로 장례식을 치르고 설날에는 신사에 가서 그 해 한 해의 무병하고 탈이 없기를 빈다. 또, 오봉에는 불단에 합장하며 12월에는 크리스마스를 축하한다. 이러한 점에서 보면 일본인은 무교가 아니라 종교를 필요에 맞추어 구분해서 사용한다고 할 수 있으며 종교에 엄격한 외국인의 입장에서는 이상하게 보이는 것도 당연하다.

같은 일이 일본 각지에 있는 신사나 절에서도 볼 수 있다. 같은 부지 내에 '오이나리상(곡식의 신)'과 '덴진사마(천신)'가 모셔져 있는 경우가 많다. 또, 한 명의 신이 아닌 여러 명의 신, 부처님이 동시에 모셔져 있다. 이것은 신불습합이라는 일본 독특한 사고방식이다. 신불습합에 관한 설인 '본지수적설'에 따르면 일본의 수많은 신들은 다양한 부처가 화신으로서 일본 땅에 나타난 권현이다. 예를 들어 일본에서 유명한 태양신인 아마테라스오오미카미는 불교에서는 대일여래라고 여겨지는 것 등을 좋은 예로 들 수 있다. 이 사고방식은 불교가 큰 힘을 가진 것이 원인이지만 메이지 유신 전까지는 일반적인 사상이었다. 이후 메이지 시대에 접어들어 아마테라스오오미카미에서 초대 천황인 진무 천황으로 이어지는 혈맥을 자랑하는 천황 중심의 정치가 재개되었다. 천황은 신으로 취급되었기 때문에 외국에서 들어온 종교인 불교를 폐지해야 한다는 운동이 일어났고 '폐불훼석'이 행해졌다. 그 결과 사원, 불상 등이 많이 파괴되었다. 그것이 신도의 부활로 이어졌고, 제2차 세계대전이 끝날 때까지 계속되었다. 전후 천황이 인간선언을 하고 GHQ에 의한 정교분리 정책을 따른 것으로 국가 신도는 끝을 고했다.

일본에서 신사나 절에 가면 기도 방법의 차이를 볼 수 있다. 신사에서는 도리이를 빠져나가면 참배길 옆에 '죠즈바'가 있어 그곳에서 손과 입을 깨끗하게 한다. 그리고 침전 앞에 서서 큰 방울 아래로 늘어져 있는 밧줄을 흔들어 신을 불러낸다. 그 후 새전통에 새전을 넣고 나서 두 번 절하고 두 번 손뼉을 친 후 마지막으로 한 번 더 절하는 '이레이박수일례'를 한다. 이것은 신사에 따라 다른 경우가 많은데 절을 하고 박수를 치는 것은 어디나 같다. 게다가 신사에서는 무병식재나 자신의 소원을 비는 일이 많다. 이에 반해 절에서는 조용히 두 손을 모으고 감사하는 마음으로 기도하는 경우가 많다. 또는 나무아미타불이라고 외는 사람도 있다.

한편 일본에는 어릴 적에 자주 부모로부터 "거짓말을 하면 염라대왕님이 혀를 뽑는다"는 말을 들은 적이 있는 사람이 많다. 거짓말을 하는 것은 좋지 않다는 가르침으로 염라대왕이 등장한다. 게다가 '괴로울 때의 신찾기'라는 속담이 있는데 신이나 부처님의 힘을 빌리고자 때마침 매달리는 경우도 있다. 그리고 거리에는 '지장보살'이 모셔져 있는데, 이 또한 다양한 사람들의 염원으로 많은 지역에서 소중히 모셔져 있다. 이와 같이 일본인은 종교를 잘 구분해서 사용하여 생활의 일부로서 받아들이고 있는 것이다.

第13課 일본의 시키타리(관습)

일본인에게는 인간관계를 원활하게 하기 위한 독특한 행동양식인 '시키타리'가 있다는 것을 알 것이다. 그 중에서도 가장 중요하다고 여겨지는 4개의 '시키타리'에 대해 "일본의 시키타리"에 준해서 소개하겠다.

네마와시(사전 교섭)

타인과의 '화목'을 유지하고 현명하게 자신의 의견을 공적으로 발표하기 위해서 일본인은 적절한 '장소'를 고르고 '간극' 또한 고려하여 신중하게 타인과 그 정보를 공유해간다. 이러한 일본인의 행동양식의 전형이 '네마와시'라는 의사전달방법이다. 상사나 관계자와 의견의 대립이 생길 리스크를 피하기 위해 관계자에게 사전에 그 정보를 전달하거나, 필요에 따라 제안내용을 조정하는 일을 '네마와시'라고 한다. 그리고 '네마와시'를 제대로 반복함으로써 타인과 공공연하게 대립하지 않고 정보가 공유되며, 기획이나 아이디어에 관한 정보가 공유되는 것이다.

사호(예의범절)

'사호'는 실로 '형식'에 준하고 있다. 예를 들어 다도에 있어서 어디에 손님을 안내하여 어떻게 물을 끓이고 차를 우려 대접해야 하는지 모두 정해진 방식이 있다. 또한 회사에서는 상사와 부하 간에 부하가 상사에 대해 어떤 식으로 행동해야 하는가라는 사호가 있다. 대다수의 일본인은 자신이 눈에 보이지 않는 사호를 따라 행동양식을 변화시키고 있는 것조차 이것이 너무나 당연해서 깨닫지 못할지도 모른다.

우치(안)와 소토(밖)

사람과 사람 간의 굴레 속에서 그 사람의 '정'과 '의리'의 관계를 알게 되어 마음을 열고 이야기를 할 수 있는 신뢰관계가 구축되었을 때, 그 사람은 자신의 인간관계의 '우치'에 있다고 생각한다. '소토'의 사람과는 어느 정도 서로가 잘 알 때까지 솔직한 교제를 삼간다. 복잡한 인간관계에서 발생하는 어긋남이나 알력 같은 리스크를 경감하기 위해서 일본인은 전통적으로 '우치'라고 생각하는 상대에 대해서만 진짜 생각이나 정보를 공유하는 경향이 있다. '우치'에 들여지기 위해서는 무엇보다도 서로의 공과 사 둘 모두를 잘 알아야 할 필요가 있다.

혼네(본심)와 다테마에(겉치레)

'우치'와 '소토' 간의 관계를 가장 상징적으로 나타낸 말이 '혼네'와 '다테마에'이다. '혼네'는 '우치'의 같은 그룹 멤버 간에 말하는 진짜로 생각하는 내용이고 '다테마에'는 공식상의 외교적 메시지나 말을 가리키는 표현이 된다. 일본인만의 커뮤니케이션 스타일을 이해하는 사람끼리라면 구분하는 것이 비교적 간단할지도 모른다. 그러나 외국에서 온 사람은 착각을 하여 마치 일본인이 거짓말을 하고 있다고 오해할 수 있을지도 모른다.

부록 ┃확인하기 정답

● ● ● ●

第01課	1. ❹	2. ❸	第02課	1. ❸	2. ❶
第03課	1. ❸	2. ❹	第04課	1. ❷	2. ❹
第05課	1. ❹	2. ❸	第06課	1. ❸	2. ❷
第07課	1. ❷	2. ❸	第08課	1. ❸	2. ❶
第09課	1. ❹	2. ❷	第10課	1. ❸	2. ❹
第11課	1. ❶	2. ❷	第12課	1. ❶	2. ❸
第13課	1. ❸	2. ❶			

저자 윤호숙

한국외국어대학교/대학원 일본어과 졸업
일본히로시마대학 일본어교육학과 박사 / 일본어학, 일본어교육 전공
일본하쿠호재단 국제일본연구 펠로우쉽 초빙연구원
일본국립국어연구소 객원연구원
동경외대 국제일본연구센터 국제편집고문
국회도서관 일본자료 추천위원
한국대학신문 논설위원
한국일본언어문화학회 회장
한국일어일문학회 회장
현) 사이버한국외국어대학교 일본어학부 교수

〈저서〉

『키워드로 읽는 일본 문화 2 스모남편과 벤토부인』(공저) 글로세움
『키워드로 읽는 일본 어학 3 일본인의 언어유희』(공저) 글로세움
『분야별 현대 일본어학 연구』(공저) 박이정
「근·현대 한일양국의 번역연구」『일본어와 한국어의 대조표현연구』 인문사
『일본어능력시험 N3, N4』 윤호숙·테라다요헤이 공저 제이앤씨
『신일한번역연습』 제이앤씨
『일본어 입문(기초편)』 개정판 제이앤씨
『일본어 입문(향상편)』 개정판 제이앤씨
『아리가또 일본어 1·2·회화』(공저) 니혼고 팩토리

실용 일본어 독해

초판 1쇄 인쇄   2021년 09월 01일
초판 1쇄 발행   2021년 09월 07일

저　　자   윤 호 숙
발 행 인   윤 석 현
발 행 처   제이앤씨
책임편집   최 인 노
등록번호   제7-220호

우편주소   서울시 도봉구 우이천로 353
대표전화   02) 992 / 3253
전　　송   02) 991 / 1285
홈페이지   http://www.jncbms.co.kr
전자우편   jncbook@hanmail.net

ⓒ 윤호숙 2021. Printed in Korea.

ISBN 979-11-5917-182-6 13730　　　　　　　　정가 17,000원